CONVERSACIONES

CON EL

OTRO LADO

Colección

Luz en tu camino

CONVERSACIONES CON EL OTRO LADO

Sylvia Browne

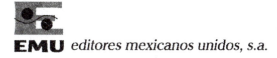

EMU *editores mexicanos unidos, s.a.*

D. R. © Editores Mexicanos Unidos, S. A.
Luis González Obregón 5, Col. Centro,
Cuauhtémoc, 06020, D. F.
Tels. 55 21 88 70 al 74
Fax: 55 12 85 16
editmusa@prodigy.net.mx
www.editmusa.com.mx

Coordinación editorial: Marisol González Olivo
Diseño de portada: Hay House, Inc.
Formación y corrección: Equipo de producción de
Editores Mexicanos Unidos

Miembro de la Cámara Nacional
de la Industria Editorial. Reg. Núm. 115.

1a edición: enero de 2010

ISBN (título)   978-607-14-0246-2
ISBN (colección) 978-968-15-2141-7

Impreso en México
Printed in Mexico

ISBN 978-607-14-0246-2

9 786071 402462

Este libro está dedicado
a la abuela de Sylvia,
Ada Coil,
quien proporcionó el viento
que colmó las velas

CONTENIDO

Prólogo

Este libro es una disertación acerca de la vida, del más allá y de la reencarnación, dictada por Francine, la guía espiritual de Silvia Browne. En estas páginas encontrarás una visión gnóstica del mundo y del sentido de la vida. Como siempre, te instamos a tomar lo que te guste y dejar el resto atrás. Hay que destacar que es imposible abarcar este tema en una obra, por lo que sólo pretendemos que este texto sea un oasis en tu búsqueda espiritual.

Nuestra meta es, y esperamos que la tuya también, estimular tu mente para buscar a Dios, sea cual sea el concepto que tengas de él. No intentamos reemplazar tu sistema de creencias, sólo esperamos expandir tu visión para incluir áreas aún no exploradas. Cada persona encontrará y entenderá a Dios a su manera; este libro ofrece un camino, entre billones, para encontrarlo.

Un escritor maravilloso, T.S. Eliot, bien dijo: "No debemos cesar en nuestra exploración, y el fin de nuestra exploración será llegar a donde comenzamos y conocer el lugar por vez primera".

Equipo editorial de Sylvia Browne

Introducción transmitida por Francine

(Guía espiritual de Sylvia Browne)

Aquí te daré información que nunca has escuchado de otros médiums. Hace años, no hubiera podido hablarte como lo haré ahora, porque el mundo no estaba listo. No es que la información sea nueva; es tan vieja como tú lo eres. No te voy a pedir que aceptes todo lo que diga, pero estoy convencida de que en el fondo de tu corazón, estás muy consciente de las verdades expuestas aquí. Voy a hablar acerca de la vida, la razón de ser y la evolución del alma.

Quiero que siempre mantengas una mente libre y abierta; nunca te sientas limitado por la culpa o por las normas sociales. Tu vida no se descarrilará si vas en contra de la norma. Cada persona tiene su propio camino. Estoy en contra de cualquier grupo que obligue a una persona a tener cierta creencia estricta. Sólo quiero —más que nada en el mundo, con la ayuda de Dios— aumentar tu curiosidad y autoestima para ayudarte a que tomes el control de tu vida. No importa si eres escéptico o no; lo que importa es que creas. Aun si hay una parte de ti que es escéptica, la curiosidad en sí misma es un factor de creencia.

Durante años, hemos sido silenciados por iglesias, sociedades y culturas. Pero si eres un librepensador, entonces no te podrán controlar fácilmente. La única fuerza o presión que debes tener en cuenta es el Dios interno; él te guiará en tu propio camino individual hacia la búsqueda de conocimiento y perfección.

§ Parte I §

VIDA: UNA RAZÓN PARA SER
—LA EVOLUCIÓN DEL ALMA—

¿Cuál es el propósito de la vida?

Todos ustedes son mensajeros de Dios, enviados a la Tierra para llevar un mensaje, que está encriptado, y deben descifrarlo dentro de sí mismos. En otras palabras, llevan una parte de la emanación de lo divino; es como si fueran un engranaje en el mundo de Dios.

Es verdad que Dios existe sin ustedes, pero *todos* ustedes son una parte de Dios. Vivirán por siempre, han vivido por siempre y nunca serán minimizados o perdidos.

La espiritualidad significa, en esencia, encontrarse y encontrar a Dios dentro y fuera de uno mismo, y pelear la batalla en contra de la negatividad. Incluso si uno solo de ustedes saliera al mundo y mostrara la luz a otros, lo gris se tornaría luminoso. Así es como se combate la negatividad; lo único que se requiere es que pongan un poco de su parte.

Cada uno de ustedes está aquí con la finalidad de que su alma evolucione. Han elegido experimentar la vida para perfeccionarse más rápidamente. Están evolucionando como una única parte de Dios, perfeccionando un aspecto de *Él* y de *Ella*.[1] Dios experimenta a través de sus creaciones (en el texto subsiguiente, nos referiremos a la dualidad de Dios usando los pronombres *Él* o *Ella* para facilitar la referencia).

Hay que empezar por ver la vida como algo que se debe sobrevivir. Puede ser divertida, pero también muy tediosa. Esfuércense por considerarla como una escuela en donde se sirve comida mala en la cafetería y donde no siempre los maestros son los mejores. Será más fácil si mantienen el sentido del humor.

¿Por qué Dios me necesita para aprender?

Dios, que todo lo sabe, necesita experimentar su conocimiento. De esta necesidad surge toda la creación, que es la manifestación de las emociones y del intelecto de Dios. Podemos encontrar cada faceta de Dios en su trabajo. El perfecto amor entre nuestro Padre y nuestra Madre se vuelve tan magnífico que empieza

---

1 La dualidad de Dios será discutida más tarde.

a reproducirse a sí mismo. Nos convertimos en la fuente que experimenta directamente las emociones de Dios. Somos, literalmente, una parte de Dios. Como tales, lo que sea que experimentemos también es directamente sentido por Dios. Si tenemos algún tipo de dificultad, entonces Dios la tendrá también. Si descubrimos una faceta alegre de la vida, entonces Dios también está ahí.

Es cierto que Dios nos necesita para experimentar. Incluso podemos decir que Dios *es* nosotros y que de esta forma Dios experimenta directamente.

Dios experimenta de manera semejante a como lo hacen los seres humanos e incluso a un nivel superior, porque Dios *conoce todo*, aunque nosotros sepamos muy poco en comparación. Por ejemplo, digamos que alguien lee todos los libros que existen acerca de cómo construir barcos, pero no tiene experiencia práctica. Como resultado, no podrá comprender por completo cómo hacer un barco; mediante el conocimiento teórico experimentará la esencia de hacer barcos, pero no tanto como al hacerlo directamente. Somos la sensación, el lado sensible del conocimiento de Dios. Debido a su sabiduría ilimitada, todas las experiencias que tenemos están a una enorme distancia para él. Dios experimenta a través de nosotros, pero es capaz de absorber mucho más de lo que podemos entender.

¿Cómo se debe vivir la vida?

La autoaceptación y el autoconocimiento indican que se está en el camino. No te ataques constantemente por ser humano e imperfecto. Deja de usar frases como: "Si hubiera hecho esto..." o "Si sólo..."; son inútiles y representan un desperdicio de energía. Cuida tu cuerpo. Enorgullécete de lo que posees. No permanezcas en el pasado, esto puede ser muy debilitante. No te vuelvas demasiado emocional por pequeñeces; si lo haces, cuando llegue el momento de usar esa emoción para un propósito más grande, sentirás que "el pozo se ha secado". El intelecto nunca se seca como las emociones. Cuando las emociones se secan, se crea un vacío y una crisis de identidad. Al final, sólo te sentirás como la mitad de una persona. Pero el rejuvenecimiento se manifiesta mientras la emoción se reconstruye nuevamente.

Por este motivo, invierte la emoción sabiamente.

¿Se puede cambiar el camino?

Todos tememos terminar relaciones. ¿Cómo me relaciono? es una pregunta común y desgastada. Relacionarse simplemente significa amarse y vincularse totalmente con uno mismo: es una comunicación constante. Aquellos que han dado los pasos más grandes son aquellos que pueden comunicarse consigo mismos. Si una relación se termina, simplemente es momento de seguir. No quiero mentir acerca de esto, porque el dolor es también parte de la vida.

¿Sabes qué tan seguido se crean cosas? A lo largo de la vida, se le piden peras al olmo. Es cierto que los ojos se ciegan por lo que en primera instancia ven en una persona —una hermosa y brillante gema de la parte eufórica del Otro Lado—. La unión entre un hombre y una mujer es probablemente una de las más bendecidas y bellas alianzas del universo; pero no hay que devaluar la unión entre amigos, que también es muy bendecida y bella, aun si únicamente dura un corto periodo de tiempo.

Tú solo eres el responsable de tu destino. Planeaste totalmente tu vida antes de que llegaras. Todas las alegrías y penas las conociste de antemano. Ésta es la forma que elegiste para alcanzar la perfección. Puedes cambiar tu vida sólo cuando el alma sepa que es tiempo de moverte hacia una experiencia diferente. En última instancia, vivirás todo lo que planeaste, aunque sea doloroso, para que tu alma evolucione.

No se puede cambiar el sendero principal, sólo las pequeñas consecuencias. La carretera principal siempre es recta. Puede uno desviarse del camino hacia lugares interesantes, pero siempre regresará a él. Antes de encarnar, se observa cada avenida y cada sombra del sendero; se ven todos los atajos y desviaciones y lo que se hará con ellos; se pregunta: "¿Esto añadirá algo a mi propósito?" Es por ello que si empieza uno a alejarse del sendero, aparece la depresión. El alma intenta recordar, por medio de la depresión, que se desvió el camino. La enfermedad física se manifiesta si uno se desvía demasiado. Por ejemplo, si se hace un intento, se puede sufrir dolor de cabeza; si se hace algo más, se puede enfermar del estómago. Lo que alguien puede manejar, o con lo que puede luchar, no necesariamente significa que uno también deba hacerlo.

Todos deben recorrer su propio camino. No hay que seguir el patrón de alguien más. Se puede apoyar el culto al héroe o respetar enormemente a alguien, pero el propio camino es único.

¿Qué tanta oportunidad está involucrada una vez que encarnamos?

Cada vida está firmemente colocada en su lugar, sin importar las muchas direcciones que pueda tomar. Mientras se viaja en una carretera, hay otros caminos que convergen y desvían. La vida es como esta carretera; tiene una dirección básica en la que se viaja, pero hay muchos caminos para elegir, todos los cuales llevarán al propio destino. Si se gira en una dirección, se puede terminar en el desierto. Así que, sin importar las opciones, se supone que se viajará en una dirección —el propio camino—. Eso no significa que no se pueda tomar otro camino o perderse, pero la mayoría de los seres encuentran su camino de regreso a la carretera principal.

Todo lo que se experimenta está planeado. Antes de encarnar, las almas se asesoran; no sólo revisan la propia vida, sino que pueden buscar las mayores influencias alrededor. Así lo hacen todas. Esto se convierte en una gigantesca red que nunca se podrá absorber en su totalidad con la mente finita. La complejidad de muchas situaciones que se encontrarán es mentalmente asombrosa. Muchos miles de personas están involucradas, y deben tomarse en cuenta cantidades interminables de detalles.

¿Qué tan inalterable es el futuro?

Al llegar a la vida, básicamente se renuncia al libre albedrío. Una vez que se ha planeado la vida, se permanecerá en ese camino. La libertad operará antes de una encarnación; después, se estará llevando a cabo el propio destino.

Pueden recorrerse muchos caminos distintos, pero se debe alcanzar la meta final. En otras palabras, hay muchas formas de arrojar un dardo, pero éste debe dar en el blanco.

Sólo se tiene un destino: completar la misión para la cual se vino; ésta es la primera premisa general. Digamos que en la vida es fundamental la justicia;[2] por tal razón, se elegirán vidas en las que pueda

---

2 Una descripción completa de todos los temas de la vida puede encontrarse en *Soul's Perfection* (*Perfecciones del alma*), el libro 2 de la serie de Sylvia, *Journey of the soul* (Jornada del alma).

cumplirse la misión. Por ejemplo, si en una vida se fue irlandés, se puede elegir ser inglés en la siguiente. Eso sería justo. La justicia es la fuerza principal. Pueden tomarse ciertas direcciones en el camino para completar el tema de la justicia: tal vez salvando a alguien de ser encarcelado sin razón o incluso dando un gran discurso. No siempre las acciones son obvias, no es necesario tocar los tambores o anunciarlo; no obstante, el tema seguirá latente. Éste es el secreto de la vida entera: el tema. Se alcanzará el destino final cuando se llegue a la última salida. Entonces se sabrá, con toda seguridad, que se ha completado el tema.

Muchas circunstancias parecen ocurrir por casualidad. Tal vez no te rompiste el pie a propósito, pero había una opción para hacerlo. Si tomaste esta opción, quizá lo hiciste para darte un descanso. O tal vez, al ir al hospital, asegurabas la armonía entre dos personas que estaban peleando. En otras palabras, nunca te alejarás de tu tema. Siempre surgirá frente a ti. Para alguien que no tenga una mentalidad de justicia, el hecho de que dos personas estén peleando no significará nada, pero una persona para quien el tema de la justicia sea esencial, podría involucrarse inmediatamente; diría: "Éste *es* mi asunto porque me está molestando". Por lo tanto, aun con esta elección de circunstancias, se está en el camino hacia la meta.

Las vidas futuras sólo están planeadas en nuestro interior, no están escritas en ningún sitio donde se puedan leer. Por esta razón, no tiene sentido hacer comentarios acerca de las vidas futuras, aunque la terapia de vidas pasadas tiene un gran valor.

¿Se debe experimentar trauma o ansiedad?

Ustedes decidieron venir a la Tierra porque quieren perfeccionarse más rápidamente que otras entidades. Eso es un *plus* a su favor. Éste es el último planeta que será ganado en aras de la bondad. No quiero dar la impresión de que todo en este mundo es malo, pero sí tiene la parte más amplia de negatividad de todos los mundos. A través de la galaxia, la Tierra es conocida como *los pantanos*. Todos aquellos que hayan decidido venir aquí tienen que evolucionar suficientemente para lograrlo. Este planeta es la escuela más difícil que se experimentará.

Pueden decir: "He caído, he tropezado", sería entendible. A nosotros no nos preocupan las cosas materiales. Lo que nos inquieta, como a muchos de ustedes, *es* infligir deliberadamente dolor a otro individuo. Es sorprendente saber que esto sucede muy rara vez. Muchas de las heridas que un individuo inflinge a otro se cometen en defensa propia o para sobrevivir.

Ustedes están atrapados en los pantanos, incluso sus sueños son más extraños en este mundo. La Tierra es más surrealista que cualquier otro planeta. La medicina no está a la par; la inteligencia está muy por debajo. Esto, no obstante, no es negar a nadie.

Es sólo que cuando vienen a la Tierra, su mente se embota. Es por ello que muchas veces pueden sentir que el conocimiento trata de llegar a ustedes, pero algo lo bloquea. Las condiciones atmosféricas son más densas aquí.

La gente puede decir: "Oh, no creo que haya planeado morir violentamente"; "¿Por qué pasó *esto?*", o "¿Por qué pasó *aquello*"? Como he dicho muchas veces antes, sólo se ve una pequeña porción del tiempo. No se puede percibir la verdad de las cosas desde un punto de vista tan estrecho. Se puede elegir morir violentamente por un bien mayor. Aquellos que permanezcan después de un asesinato o de la muerte de un ser querido son los únicos que deben perfeccionar ese dolor. La entidad que muere ya ha completado su trabajo como catalizador para su propio dolor. Si no se toma *cada* cosa horrenda y se convierte en un bien, se pierde. Las almas más evolucionadas asumirán un gran pacto con el trauma para perfeccionarse más rápidamente. En lugar de sentir pena por la persona que ha tenido una vida miserable, como hacemos normalmente, se debería sentir pena por aquel que ha experimentado una vida completamente maravillosa. *Todos* ustedes tendrán problemas; no hay forma de evitarlos cuando se está en el cuerpo.

Pero no tienen que meterse en más aprietos de los que de antemano eligieron. Los traumas no vienen desde afuera o desde quién sabe dónde. Ustedes han predestinado que sucedan. Pueden decir: "Debo ser muy masoquista". No, no es así. Sólo han querido poner a prueba su fortaleza y ver si pueden soportarlos.

¿Qué causa la ansiedad y la depresión?

Muchos sufren de estrés u opresión. Quiero ser muy clara, porque si saben la razón por la que se sienten como lo hacen, es mucho más fácil que puedan manejarlo. Si desarrollaran una enfermedad desconocida, experimentarían miedo; pero si un doctor diagnosticara su dolor intestinal como una simple bacteria, se sentirían aliviados de saber que no es terminal y que es curable. Inevitablemente, muchos sufren con la vida, que *es* terminal. Nadie diagnostica su dolor. Se sienten solos y aislados por sus miedos y ansiedades. No están mentalmente enfermos, sólo están cansados, cansados de balancearse en el universo de un lugar a otro, de tratar con personas que no están suficientemente evolucionadas para escuchar sus palabras, para creer en su propia fuerza curativa, o entender el poder que reside en ellas. Estas tareas se vuelven muy desgastantes.

No te conformes con cualquier cosa que no puedas entender. Puede ser difícil que tu mente finita comprenda lo que quieres saber, pero siempre hay una respuesta; si no la hay, entonces habrá un factor de control. Las religiones y las sociedades secretas han enseñado que no debería saberse o entenderse todo.

Esto es una tontería: se puede entender todo, o esencialmente, se pueden tener las respuestas a todo. No hay nada suficientemente misterioso como para que no se pueda cuestionar o no se le pueda encontrar respuesta. No estoy afirmando que comprenderás todo lo que descubras, pero siempre habrá una respuesta.

Estás en un cuerpo denso. El cuerpo es un vehículo en el espacio, en un mundo que está hecho de antimateria. Vives en lo que llamamos "cinturón estático", un cinturón eléctrico. Estás siendo constantemente bombardeado por tu atmósfera. Como resultado, tu cuerpo te pesa, aun cuando tu cabeza esté bien puesta sobre los hombros. Aunque estés acostumbrado a este peso, es muy diferente de tu ser eterno. Si a esto se le añaden el estrés y los problemas cotidianos, serás una entidad miserable.

La competencia, sea en las áreas social o tecnológica, crea más estrés. Aquellos que vinieron a esta vida y decidieron ingresar a sociedades "avanzadas", querían perfeccionarse lo más rápido posible. Puedes decir: "Bueno, ¿y si nací en los barrios bajos de India? Eso sería peor". No, no tendrías tanto estrés. No tendrías esa competencia. No tendrías presión de tus compañeros. Cuando la vida está meramente dedicada a sobrevivir, no es tan estresante como la competencia. En India, sólo se está compitiendo para llevarse el pan a la boca. Ciertamente es una vida difícil, pero no tanto como para dañar el alma.

No quiero sermonearte. Sólo me preocupa la depresión que sufres, el peso de los problemas que combates y el estrés que enfrentas. Muchos de ustedes se preguntan por qué no pueden encontrar la felicidad o llegar a su ser interno. Esto es resultado de hábitos alimenticios, estrés y la dificultad para comprender del significado de la vida.

Cada día se encuentra más gente contenta; sin embargo, algunas personas están inmersas en la felicidad y aún siguen gritando: "¿Por qué no puedo ser feliz?" La felicidad significa que el alma se eleva, que se tiene todo lo que se necesita, que se está vivo, que se está funcionando y que se está trabajando para Dios. Esto es la felicidad.

¿Por qué se reacciona tan intensamente ante las situaciones de la vida?

¿Alguna vez has ido con el dentista para una limpieza dental y después te lamentaste por ello? A pesar de todo, tú decidiste ir porque sabías que era necesario. Reaccionar ante las situaciones de la vida es parte del plan. Estás aquí para experimentar todo acerca de ella. Al ventilar las emociones, se puede lidiar mejor con ellas. No hay nada malo en quejarse. Me preocupa más la persona que nunca lo hace. No estoy sugiriendo que debas enfadarte todo el tiempo, ni que patees o grites. Nadie quiere estar cerca de una persona que está emocionalmente fuera de balance.

Pero no puedes poner una barrera constante ante las trasgresiones a tu persona y no reaccionar. Y no me refiero a hacerlo de una manera violenta. A algunas personas les funciona cerrarse o no responder; otras tendrán que ventilar su enojo. Cada quien es diferente. La tragedia es que con la religión, la psicología y la cultura, tratamos de hacer a todos iguales: seres humanos lindos, callados, organizados y controlados. Las escuelas también tratan de hacer esto. Todos tienen que ser limpios, callados y perfectos. ¿Pero, qué pasa con los niños que quieren mostrar su propia personalidad? ¿Por qué son reprimidos? Lo mismo sucede con los adultos: ¿por qué a las personas constantemente se les coloca en una se les impide ser ellas mismas? "No se me permite decir eso" es la queja de muchos seres.

Si estás en una posición en la que no puedes hablar y actuar libremente, no te estás permitiendo crecer. No necesariamente me refiero al trabajo. No puedes dirigirte a tu jefe y decir: "Mira, creo que estás loco", pero si no puedes expresarte, te estancarás. Pronto, te darás cuenta de que no podrás crecer, y finalmente descubrirás que incluso tu auto no funciona. Puedes pensar que el problema con el auto no es sólo una coincidencia, sino un resultado de la acumulación de las frustraciones que te encarcelan. A final de cuentas dirás: "Mis hijos no están bien, mi cónyuge no está bien, mi trabajo no está bien, y ahora mi coche tampoco está bien".

La gente esconde sus verdaderos sentimientos porque teme no ser amada incondicionalmente. "Si no confino y reprimo mi propio ser, no seré amado. Así que entre más me reprima a mí mismo, los demás pensarán más en lo maravilloso que soy." El malentendido continúa hasta que llega el día en que ya no se piensa que se es maravilloso. Entonces todo empieza a molestar.

¿Cómo se debe reaccionar al trauma?

Es la resistencia a la vida la que produce dolor. Todo lo que se requiere es el conocimiento total y completo de que Dios nunca le permite a nadie necesitar o querer. Cada persona elige estar en una posición de necesidad para la perfección de su alma. Cada persona tiene la habilidad —el poder interno— de cambiar dicha situación.

Una vez que se desecha la necesidad de cualquier cosa, se manifiesta la abundancia. El flujo de la vida es una regla fundamental en el universo. Si no obstruyes el camino, el camino te llevará. Esto aplica para cada ser humano. Es lo mismo con el dolor. Una vez que es experimentado y reconocido, puede ser manejado. El miedo al dolor, o el miedo a lo que acompaña al dolor, es la razón por la que es tan intenso. De forma similar, es el miedo a la vida el que guía hacia la mayoría de los problemas.

No estoy sugiriendo, sin embargo, que se fluya con la marea de las masas. Puede uno ser un individuo. Thomas Edison y otros grandes personajes fueron capaces de fluir con su propia tendencia. Si se sabe algo de Albert Einstein, es que no le permitía a nadie que lo molestara. Él también dirigía su propia vida.

La mayoría de los problemas que podemos ver en este plano se crean cuando *se va* en contra de la vida en lugar de ir con ella. Hay un marco mental disciplinario que permite fluir con la corriente de la vida, pero es tan simple que la mayoría de la gente lo niega. En otras palabras, si se da una mala relación, o se pierde un trabajo o algo desagradable sucede, no debes preocuparte y pelear contra ello, mejor responde diciendo: "Me montaré en esta dificultad mientras pueda, y después simplemente me bajaré y lidiaré con otra". La gente tiende a alegar situaciones hasta el cansancio porque tiene lo que Sylvia llama una idea fatal de "lo único" acerca de todo: "Si pierdo este trabajo, no tendré otro", "si pierdo a esta persona, no habrá nunca nadie como ella". ¡Por *supuesto* que los habrá!

Incluso en el terrible caso de la pérdida de un hijo, habrá algo que tome el lugar del niño. La mayor parte del tiempo, tanto intenta la gente mantenerse al margen de lo incómodo, sin dolor y sin deseo, que crea justo la situación que está tratando de evadir; crea un vórtice emocional en donde se encuentran en necesidad, llenos de frustración y de odio.

¿Realmente importa si se mueve uno de un lugar a otro? De forma similar, nuestros seres queridos que se han ido únicamente regresaron a "casa" antes. Finalmente los reencontrarás en el Otro Lado. Es muy difícil explicar a los seres humanos que la vida tiene un gran plan. Aunque hemos hablado exhaustivamente acerca del Otro Lado y de cómo todo finalmente se iguala, las frustraciones aún surgen. Permitirse fluir es parte de centrar el ser.

Algunos padres, por ejemplo, dirán mientras sus hijos envejecen: "Soy más paciente ahora. Puedo manejar a mis hijos". Pero no es el caso. En algún punto ellos aprendieron a fluir y eso realmente es de lo que se trata la paciencia.

El descontento sólo aparecerá cuando no se esté fluyendo suficientemente bien con la vida. ¿Te das cuenta de que 99% de tus miedos nunca se cumplen? Pero si sólo una minúscula parte de lo que temes se hace realidad, dirás: "¡Lo sabía!"; no sólo eso, sino que esta afirmación intensifica *todos* los miedos que hayas tenido. Incluso puedes pensar que eres suficientemente psíquico como para saber que todo lo que temes se vuelve realidad. No hay ser humano que sufra tanto el trauma. Puedes ver alrededor y decir: "Pero esta persona fue asesinada". Sí, lo fue, pero eso permite que haya cruzado rápidamente y que ahora esté en el hogar. No estoy disculpando el asesinato, sólo digo que tal atrocidad es parte de un plan mayor.

Veamos la vida como una escuela nuevamente. Digamos que un estudiante de tu grupo reprueba y es expulsado. Por un tiempo todos reaccionarán diciendo: "¿No es terrible? ¿Qué pasó para que eso sucediera?" Dentro de diez años, ¿este hecho será significativo? ¿Recuerdas a algún mal estudiante de tus días escolares? ¿En dónde están aquellos estudiantes ahora? ¿Están directamente entrelazados en tu vida? ¿Te están afectando ahora? Aun por poco tiempo, todos dirán: "Estoy tan feliz de no ser uno de esos estudiantes". Todo es transitorio. Todo se está moviendo.

¿Está permitido enojarse con la gente y con las situaciones?

No seas tan escrupuloso con tus pensamientos. Los pensamientos son cosas, pero date cuenta de que eres humano. Concientiza que debes exponer tus sentimientos. Le dije a Sylvia hace algún tiempo que el enojo es una depresión al revés, y los psiquiatras han sabido esto desde hace muchos años. Esto sucede porque no puedes ser quien eres debido a que tienes miedo de la desaprobación. Ahora, ¿a quién admiras en la vida? Admiras a los excéntricos, a aquellos que hacen lo que les place. No me refiero a la gente que hiere a todos, sino a aquellos que pueden vivir su vida en la forma que quieren. Si eso es lo que cuesta, entonces sé excéntrico.

Tus palabras no deben ser monitoreadas. No me refiero a que maliciosamente hieras a alguien; pero si le pides a Dios que te ayude para que hables sólo con la verdad, no tendrás que preocuparte por censurar tus palabras. Si alguien malinterpreta lo que dices y se enoja contigo, realmente es su problema, y concierne a su propio perfeccionamiento. Siempre tienes una opción cuando escuchas a alguien. El enojo es autoinfligido. Puedes decir: "Esta persona me hace enojar", pero eso no es cierto, *tú* generas tu enojo; o puedes decir también: "La persona me lastima". No, *tú* te lastimas.

Muchas veces llevamos sobre nuestra espalda a mucha gente porque pensamos que estamos haciendo una buena acción. Pero hay que recordar que si siempre cargas a un bebé que alza sus brazos hacia ti todo el tiempo porque no quiere caminar, entonces las piernas del niño se atrofiarán y nunca caminará. ¿No habrás dañado a ese niño con amabilidad equivocada?

Jesús dijo: "Ama a tus semejantes como a ti mismo". Ahora permíteme ser más específico para tratar de aliviar algo de tu culpa. Posiblemente no te agraden todos, pero porque el "ama a tus semejantes" ha sido inculcado en ti, estás convencido de que está mal que la gente no te agrade. Por el contrario, está mal que *no* te desagrade la gente. Déjame decirte por qué. Si te van a gustar todos y vas a cuidar de ellos (y no estoy hablando del amor, nos adentraremos en ello más tarde), hay algo mal con tu personalidad. No eres una persona completa. Una persona completa sabe lo que le gusta y lo que no, los caminos a seguir y los caminos a no seguir. Debes tratar de amar las almas de todos y desearles lo mejor, pero ciertamente no te tienen que gustar todas las personas ni sus acciones. Asociarte con alguien que te desagrada intensamente está mal. Eso desgasta a esa persona y a ti. Muchos matrimonios, amistades y relaciones de familia frecuentemente involucran gente que no puedes tolerar. Esto te causa culpa, un ataque al corazón y atrofia tu camino espiritual; estás trabajando tanto en ser perfecto que eso mancha todo.

El enojo es probablemente una de las motivaciones más positivas que posees, aun así, siempre se te dice que no te enojes. *Debes* enojarte cuando se llega a las injusticias. *Debes* abrir tu enojo justo. Eres juicioso y sabes que no serás agresivo. Hay una diferencia entre agresión y enojo. Sufres tantas enfermedades porque proyectas el enojo contra ti mismo. Cuando reviertes tu enojo, creas una sobredosis de adrenalina, desarrollas un caso de indigestión ácida, y muchas veces contraerás disentería. ¿Ves? Si no liberas tu enojo de una forma, lo harás de otra.

La gente dice: "Estaba tan enojado que lloré". ¿Sabes por qué pasa esto? Porque no puedes dejar salir el enojo, así que tus lágrimas te permiten soltarlo. La gente también dice: "Me molesté tanto que vomité". Ésta es otra forma física de soltar el enojo. ¿Por qué no puedes dirigirte a un individuo y decir: "Eso hirió mis sentimientos, no me gustó lo que dijiste"? Tienes miedo de ser rechazado. ¿No es mejor sentirse rechazado, que ser deshonesto acerca de tus sentimientos? ¿Estás consciente de los efectos secundarios de reprimir el enojo? Empiezas a aislarte y a ignorar a la gente, lo que la deja preguntándose qué es lo que pasa contigo.

Tienes todo el derecho de alejarte de una situación dolorosa. De otra forma, bloqueará tu crecimiento espiritual. Si has pasado un año o dos con un individuo y no hay absolutamente ninguna mejora en su relación, están perdiendo su tiempo si van más allá.

Sólo *tú* puedes juzgar qué tan dolorosa es una herida, qué tan profundamente afectado estás por una situación, y qué tan lastimado te sientes. Éste es el único momento en que puedes hacer un juicio. ¿Qué tanto te molesta algo? ¿Eso te impide crecer? ¿Eres disfuncional con él o ella? ¿Te lastima demasiado? Si una relación tiene cualidades positivas primordiales; si un individuo se mueve dentro y fuera de la negatividad y no hay malos sentimientos, o si puedes neutralizarlos, entonces vale la pena continuar la relación.

Si no puedes liberarte de un individuo, entonces deberás neutralizar su efecto en ti. Al neutralizarlo, te vacunas para que no pueda lastimarte más. Este proceso utiliza tu parte objetiva, para que no traduzcas subjetivamente una mala relación como un rechazo personal.

No te dejes atrapar por la creencia trágica de que puedes cambiar a alguien. Aunque algunos matrimonios están construidos sobre esta creencia, como es el caso de las relaciones familiares, en última instancia estás construyendo tu hogar sobre arena.

¿Hay una forma de ser "apropiada"?

Una cosa de la que debes cuidarte es la de hacer responsable a otra persona de tus necesidades. Eso no sólo te drena a ti, sino a ella. Es como el viejo adagio de Edwin Arlington Robinson: "El amor debe tener alas para volar lejos del amor, y para volar de regreso". Las relaciones más duraderas del mundo han sobrevivido en libertad. La única razón por la que verías a otra persona y dirías: "Llenas mi vida entera" es porque hay una deficiencia en ti. Es un esquema de perfeccionamiento que necesitas superar.

Si eres una persona a la que no le gustan los demás, estás en una gran confusión. No sólo tu mundo está lleno de personas, sino también el sitio de donde vienes. Lo mejor que puedes hacer en esta vida es tratar de llevarte bien con otras personas. Esto no significa dar más de lo que quieres dar; simplemente significa ser amigable. Esto va perfectamente bien con el derecho que todos tienen a enojarse y a temer. El problema con muchos psicólogos es que tratan de que verbalices estas cosas. Hay algunas emociones que simplemente no pueden ser verbalizadas. Algunas emociones deben ser reveladas, y hay otras que desafortunadamente no pueden ser aceptadas.

En otras palabras, si estás tremendamente frustrado, no deberías correr gritando por la calle. De alguna forma es una pena, porque esta acción no lastima a nadie; tampoco lo haría encerrarte en tu cuarto para romper cosas. Te confinas tanto en tu propio cuerpo, en un vehículo que no funciona tan bien como debería, y tienes una memoria subconsciente de un cuerpo libre de cargas y enfermedades. Ellos, en sí mismos, causan frustración. ¿Sabes que a Jesús no le agradaban todas las personas? A él no le gustaban los fariseos, no podía soportar al sanedrín; no podía tolerar a los gobernantes de Roma, y aun así se interesaba por toda la gente. ¿Comprendes esta noción? Es imposible que ames realmente a todo mundo, cuando intentas hacerlo, estás muy cerca de prostituir el *amor*.

Has usado tanto la palabra *amor* que cuando se torna verdaderamente amorosa y pulida, ya no puedes medirla. A la mayoría de las personas, puedo decirlo honestamente, le agradan los demás y se interesa por ellos. Muy pocos seres encarnados saben lo que es el verdadero amor, y no es porque estén defectuosos, sino porque en su plano de existencia es prácticamente imposible de entender. El embeleso, experimentado en aquellos primeros momentos o meses de una relación, es probablemente la mejor forma de describir *el amor* que existe en mi lado, aunque tendrías que multiplicarlo por mil. Una vez que experimentes una breve insinuación de este sentimiento con una nueva pareja o amigo, lo buscarás constantemente, pero cuando envejeces y te aburres, llega con menos frecuencia. No obstante, algo debe reemplazarlo, alguna profunda paz interior y el conocimiento de que estás concluyendo tu tiempo y aproximándote al hogar.

A lo largo del camino, se pueden seleccionar parejas y compañías; sin embargo, cada quien se aísla debido a su cuerpo físico y al hecho de que no puede fusionarse con el otro. Nosotros, como guías espirituales, estamos más cerca de ustedes de lo que cualquier ser humano pudiera estar.

¿Recuerdas cuando estuviste romántica y perdidamente enamorado de alguien por primera vez? En ese estado de euforia exacerbada no te hubiera importado que tu coche no arrancara o que hubieras perdido tu trabajo. ¿Ves lo que intento decir? Incluso en el caso de que te hubiera importado, habría sido una preocupación mínima. Pero deja que el embeleso desaparezca, y la descompostura de tu coche y la pérdida de tu trabajo te sumirán en la desesperación. Los únicos asuntos amorosos duraderos son los que tienes con Dios y contigo mismo, e incluso por algunas personas que te rodean, y que tienen que ver con el amor reconfortante.

El embeleso en tu mundo es maravilloso, pero debe dársele menor importancia que a la comodidad y a la compañía. La gente se compromete y después abandona porque está buscando esa gran emoción, que no se encuentra con frecuencia ni es duradera. La gente que persigue ese embeleso, a final de cuentas, envejece antes de que le corresponda, porque su cuerpo no puede mantenerlo, es demasiado intenso. Como sabes, cuando se está inmerso en el embeleso, el corazón se acelera, se pierde el apetito, el rostro se sonroja, no se puede dormir e incluso la presión sanguínea se eleva. No puede sostenerse este estado, ya que uno podría morir.

Cuando encontramos a alguien en un estado de embeleso, podemos de hecho ver que su aura brilla y destella. ¿Sabes que después del embeleso hay un periodo gris? Si se trabaja a través de él, uno lo convertirá en verde o azul brillante, lo que significa que el rejuvenecimiento o la tranquilidad ha tomado su lugar.

Eres un ser eléctrico y tienes control sobre esta electricidad. Deberías visualizar tu aura de tal manera que se vuelva verde o azul, o tenga destellos de esos colores. La mejor aura es la que está próxima al cuerpo. En ella se podrán ver dos o tres capas, la más cercana será blanca o clara, casi como una silueta. Si el aura se extendiera de tres a seis pulgadas del cuerpo, eso indicaría un estado muy agitado. Durante el embeleso la emanación eléctrica puede alcanzar de 90 a 120 centímetros.

Si vives constantemente en el pasado, pensando en lo que hubiera debido ser o en lo que no hubiera debido ser, impides tu crecimiento espiritual. Si siempre te estás preguntando lo que la gente piensa de ti, obstaculizas tu crecimiento. Si permaneces con alguien que te desagrada intensamente porque las reglas sociales dicen que debes hacerlo, impides tu desarrollo. ¿Te vuelve indiferente o inhumano no hacer estas cosas? Tal vez la sociedad lo piense, pero debes darte cuenta que, en la actualidad, estás solo y tienes que seguir tu propio camino para regresar al lugar de donde viniste.

Si sólo pudiera alentarte a no obsesionarte acerca de cosas como el mañana, el año próximo o los problemas de dinero, entonces tu vida sería mucho más fácil. Puedes replicar: "Pero, tengo que vivir". Sí, así es, pero las cosas sólo serán de una forma o de otra. Créeme cuando digo que todos sobreviven a las preocupaciones de dinero, de negocios y de amor. Se utiliza mucha energía innecesaria en preocuparse acerca de cosas ya predestinadas por ti.

El dinero es un asunto muy importante, como el amor. Está destinado a tomarse y darse; si se recibe y se atesora no se reproduce. La gente se preocupa demasiado acerca de las posesiones materiales. He hablado con gente en sesiones privadas y me preguntan: "¿Soy demasiado materialista?" Casi siempre contesto que no. Muy rara vez he visto a una persona, a pesar de sus posesiones, casas o coches, que sienta que está verdaderamente atrapada en sus posesiones materiales. La gente *está* atrapada en el asunto material porque le importa demasiado, en forma casi autoconsciente, lo que los demás piensen. *Esto* es estar atrapado en la materia. La solución es muy simple. Te importa la mayoría de la gente y esperas que sea recíproco. Si no es así, entonces habrá otros a quienes les importes. Ésta es la mejor forma de actuar. Esto es lo que te hace más espiritual.

¿Ves?, al aquietar la mente y saber que Dios de hecho —no sólo en tu interior, sino en el exterior— se hará cargo de todas las cosas, dejas abierta la puerta de comunicación para que nosotros entremos. No podemos entrar cuando estás constantemente lleno de ansiedad por el dinero o por asuntos amorosos. Parece que no logramos que aquietes tu mente lo suficiente para que hagamos contacto contigo. Puedes ser sencillo y al mismo tiempo muy intelectual. Esto significa que te importa tanto lo más pequeño como lo más grande. Es todo un proceso de reentrenamiento de la mente.

Sé sencillo. Recorre tu espacio, no importa si es un departamento o una casa; cierra la puerta y agradece que tengas cuatro paredes que te reflejen. Sé agradecido por tener un trabajo que te brinda dinero para que puedas comer y vivir, por los amigos que te rodean, y por el maravilloso país en el que puedes disfrutar del océano o de las montañas.

No quiero sonar como aquellos llamados "gurús" que esperan que seas tan sencillo que vacíes tu mente. Me consideran muy occidentalizada, aunque me parece extraña esa etiqueta porque mi filosofía es muy Oriental; aunque tal vez lo digan porque creo tanto en la activación como en la pasividad (*activación*, definida como hacer algo contigo mismo; *pasividad*, definida como permitir que la vida te lleve).

También le he dicho a Sylvia que no pelee contra corriente, que deje que la corriente la lleve. Pelear en contra de la vida impide el crecimiento espiritual porque el camino se vuelve más difícil. En la ruta que has escogido, trata de evitar colocar una piedra tras otra; es decir, obstáculos creados por ti, que pueden ser de muchos tipos: periodos de aflicción, de alegría, de soledad. Será tu marco mental el que determine qué tan bien los atravesarás.

Puedes identificar cada paso en falso que des y detenerlo inmediatamente. Cuando eras pequeño, sólo tenías que meterte el dedo en la nariz para que alguien te reprimiera: "Eso se ve feo y es asqueroso". Entonces dejaste de hacerlo. Si todo lo que has hecho fuera visible al mundo y alguien dijera: "Es asqueroso", dejarías de hacerlo. Lo has aprendido bien de todas formas. En otras palabras, has entendido desde el principio que tus acciones eran socialmente inaceptables, así que empieza a actuar en público de la misma forma en que lo harías en privado.

Deberías reacondicionar tu mente, como lo haces con tu cuerpo cuando comienzas a nadar, a correr o a practicar deporte. Puedes saber en qué momento tu cuerpo empieza a estar en forma; de la misma manera, cada vez que reconozcas uno de tus problemas personales, di: "No me gusta esto acerca de mí mismo; por lo tanto, lo detendré". Y me refiero a corregirlo *inmediatamente*.

Reprográmate a ti mismo para reconocer que no eres la parte negativa de tu conducta. Casi todos los seres humanos se identifican con lo negativo. Si les pides que se describan a sí mismos, inmediatamente señalarán lo negativo porque tienen temor de iniciar con sus atributos. Los métodos más simplistas son aquellos que siempre se pasan por alto.

¿Qué causa conductas tan diversas en la gente?

A través de todas tus vidas has estado inundado de información equivocada. Cuando regresas, vida tras vida, te hacen un lavado de cerebro para ser otro tipo "normal". Estás inundado de muchas clases de conducta moral, mandatos, reglas de la iglesia y de la ley, así que se vuelve terriblemente difícil darse cuenta de lo que es correcto.

La propia educación en un estado encarnado hace a una persona obsesiva. Si hay alguien que esté leyendo este libro y que no se considere obsesivo, puedo probarle lo contrario. Saber que la obsesión existe, y que incluso te da un sentido de libertad, es maravilloso. Cada uno puede alcanzar este estado.

Cuando existe una sociedad extremadamente rígida, tarde o temprano se revierte hacia condiciones extremadamente amorales. Esto puede ser muy benéfico porque si se ha sido muy conservador en una vida, puedes buscar otra en la que no lo seas.

¿Qué causa los desórdenes psicológicos?

Éste es el único planeta en el que existe el cáncer. Entre más personas estén envueltas en la negatividad, más odio se infligirán a sí mismas y hacia los demás, y habrá más cáncer. Si dejas de odiarte a ti mismo, no tendrás cáncer. Esto no quiere decir que no te gusten algunas cosas acerca de ti mismo. Me refiero a cuando *realmente* te odias a ti mismo, o cuando de verdad odias tu vida. Lo que digo es que, en esencia, tienes que escalar una montaña muy alta, aunque creo que llegarás a la cumbre; puedes pensar que no lo lograrás, pero lo harás.

Las personalidades múltiples son un asunto completamente diferente. La mayoría de los casos —99.9%— ocurre porque una persona no puede darse cuenta en qué vida está. En otras palabras, los recuerdos subconscientes de las vidas pasadas se filtran en los pensamientos conscientes de la vida actual.

Esto se conoce como un sangrado de las muchas vidas que puede abrumar la mente y perturbar totalmente la vida.

¿Es mejor ser una persona activa o pasiva?

Nunca hemos visto a nadie alcanzar un enorme avance espiritual siendo pasivo. No estoy en contra de ninguna religión o secta, excepto de aquellas que manipulan la mente de las personas o que crean miedo. Las que encontramos completamente inútiles son aquellas que requieren años de retiro y cantos pasivos. La espiritualidad es una fuerza continua que avanza. Nunca has escuchado que Jesús estuviera sentado con las piernas cruzadas y cantando durante horas. Al contrario, se paseaba entre las masas hablando, diciendo, sanando y predicando. Esto no significa que te conviertas en un evangelista, sino en el más grande maestro y predicador para ti mismo.

¿Los extrovertidos evolucionan más rápidamente que los introvertidos?

Sí, lo hacen, pero no los falsos extrovertidos. Los extrovertidos son personas que genuinamente se comprometen con Dios para ser tan abiertos como puedan, y creen sin duda que él cuidará de ellos, en su interior y su exterior. En este compromiso, Dios proveerá conocimiento y dirección para la vida. Entonces, se puede dejar que la vida tome su curso con ellos.

¿Vale la pena el esfuerzo de vivir?

En la humanidad, encontramos grandes patetismos y humores. El único mensaje que quiero transmitir es éste: Deja de tratar de inventarte y de reinventarte. El movimiento de la conciencia es una cosa maravillosa. Aun así, existe un gran muro *extremadamente duro* con el que vas a chocar, el hecho de que estés tan ocupado allanando emociones y configurándote a ti mismo como entidad perfecta, que nadie quiera vivir contigo.

Si no haces nada más que sobrevivir tu vida y lidiar con la densidad de tu propio cuerpo —transitando y sobreviviendo a través de él— entonces habrás logrado algo para Dios y para tu alma.

¿Podemos esperar mejorar el mundo algún día?

El planeta Tierra, debido a la estupidez y a los ciclos negativos del ser humano, debe regresar al infinito. Una vez que otros planetas experimentaron la lección de las inquisiciones y de eventos horribles, estas atrocidades desaparecieron. La Tierra, sin embargo, tiene una tendencia a repetir dichos eventos. Irónicamente, esto es benéfico porque sin estas presiones negativas, no se habría avanzado tanto como se hizo. Así que cuando se vean unos a otros y sepan que todos son mensajeros de Dios, entonces estarán un paso más cerca de mejorar el mundo.

A la Tierra le queda un número limitado de años. El movimiento espiritual debe intensificarse para que pueda salvarse el planeta. No existe pérdida; usemos sólo la palabra *salvado* en este contexto: "cuando todos perfeccionen sus almas". Si no se puede alcanzar este nivel, los esfuerzos se desperdiciarán. ¿No es por eso que muchos han decidido involucrarse? Evidentemente, es por ello que la población está desbordada. Es por ello que todos quieren encontrar la verdad. La verdad real, por supuesto, está en el centro de su ser. Desafortunadamente, mucha gente descubre sólo verdades parciales. Estos individuos viven temerosos de la vida, que es por lo que se forman cultos con resultados desastrosos.

El alma se perfecciona mediante los aspectos negativos de la vida. Las barreras raciales, por ejemplo, ayudan a probar el alma. Los retos, como ser chaparro, alto, feo, bonito... conceden a cada persona un ambiente para perfeccionarse.

¿Si no somos capaces de lidiar con la vida, podemos tomar una salida prematura?

Nunca debes atentar contra tu propia vida prematuramente, ya que tendrás que regresar y enfrentar las mismas circunstancias otra vez. Si esto no te disuade de intentarlo, entonces no sé qué lo hará.

Una vez que has iniciado una nueva vida, se supone que debes permanecer en ella. Si te suicidas —y esto es una verdad conocida— tendrás que regresar a la misma ubicación geográfica, con el mismo tipo de padres, el mismo tipo de matrimonio, el mismo desastre financiero o cualquier evento que haya influido en tu salida prematura. Pasarás *exactamente* por los mismos episodios nuevamente.

Un malentendido común acerca del suicidio es pensar: "La próxima vez estaré más preparado y lidiaré mejor con las cosas". Pero ése no es el caso porque regresamos inmediatamente. No hay descanso ni tiempo para el renacimiento. Recuerda esta analogía: si un niño huye de la escuela, lo regañan y lo regresan inmediatamente. Lo mismo ocurre: el ser que se suicida será continuamente enviado de regreso hasta que aprenda a quedarse.

Las almas más avanzadas no cometen suicidio. Esto no significa que las que lo hagan sean malas. Entre más avanzada sea el alma menos lo hará, aunque pueda contemplar la idea. Incluso puede pensar: "Mi amado se ha ido y quiero ir con él", pero siempre habrá algo —su sabiduría— que la detenga.

Por otra parte, se puede estar en el camino correcto y tomar una "salida". Recuerda que una salida nunca se considera como un tipo de suicidio. Una salida ha sido planeada, aunque un suicidio descarrile del camino.

¿Cómo sabemos que estamos en el camino?

Estás en el camino simplemente cuando te sientes bien contigo mismo, cuando te das cuenta de que puedes lidiar espiritualmente con cualquier adversidad. A veces puedes sentirte desorientado, pero en tu interior tienes fe y una sensación que te regresa a este pacífico lugar. Es un entendimiento intuitivo de que estás bien; es un amor hacia ti mismo.

Mientras estés en el camino, tu conciencia y sensibilidad permanecerán elevadas, tendrás la capacidad de escuchar a los guías o de sentir su presencia; puedes incluso recibir sus mensajes.

La gente es un barómetro confiable acerca de qué tan bien estás evolucionando. Si sientes que nadie te quiere o que no tienes amigos, muchas veces es *tu* culpa. En ocasiones te pones en un lugar tan inadecuado que no ves que de hecho *sí* tienes amigos. Puedes ser tan perfectamente odioso y cruel que nadie quiere estar a tu alrededor. Aquí, te recomendaría que hicieras un ajuste.

Con frecuencia, escuchamos a la gente quejarse: "¡Nadie me ama!" El no ser amado es diferente a ser *desamado*. La gente se esfuerza mucho para ser amada, pero no lo suficiente para amar. Si tu único impulso en la vida es sólo *ser amado*, entonces puedes encontrar que tu alma va rogando, pero si tu tarea es *amar*, nunca encontrarás a tu ser en el deseo.

Si te quejas: "Pobre insignificante de mí", no hallarás mucha empatía en este mundo. Cuando llegues a mi lado, tendrás que sobreponerte a toda hostilidad y beligerancia. Nada destruye más el alma que cargar con sentimientos de rencor; y no sólo eso, también es desgastante para los que están alrededor tuyo.

Si la vida es para siempre, ¿por qué la humanidad tiene tanto miedo a la muerte?

Encontrarás que quienes temen a la muerte son aquellos que están más enraizados en el mundo material. El miedo a la muerte bloquea el conocimiento de que la vida continúa. ¿Has notado cómo todo debe lograrse *ahora*? Tienes que ser exitoso, rico, hermoso... la gente reconoce subconscientemente que el mundo tiene poco tiempo y que deben completar su perfección ahora.

Podemos decir, incluso, que el miedo a la vida crea el miedo a la muerte. La vida, como la conoces, es una condición terminal. La única muerte real es dejar el Otro Lado —en donde tu realidad es abandonada y reemplazada por una existencia inferior— para reencarnar. Aquí surge otro miedo: "¿Regresaré algún día a mi ser real?", "Quiero mi *yo* verdadero, ¿en dónde está mi yo verdadero?" En esta vida, no puedes despojarte completamente de las varias caras que llevas, aunque el cuerpo sea un falso frente y no el verdadero ser.

¿Has vivido alguna vez en una casa que tuvieras miedo de dejar porque pensabas que no encontrarías otra? ¿O has dicho, después de regresar de un largo viaje: "Había olvidado lo bien que se sentía estar en casa"? Éstas son las cosas de las que te preocupas: "Estoy en una falsa vivienda, es árida; estoy separado de los otros por un cuerpo, no puedo llevar a otra persona dentro de mí, aquí estoy aislado de todos". Si puedes entender lo que está operando, entonces evitarás el miedo a la aniquilación. Cuando mueras, todos los miedos serán limpiados. Aquí irrumpe el verdadero recuerdo en el mismo momento en que estás muriendo y tu alma da un respiro de alivio: "Se acabó, me voy a casa".

¿Podemos elegir encarnar en otro tiempo menos problemático?

No te hagas ilusiones de que puedes irte a casa antes de tiempo. Si tu muerte no está programada, reencarnarás inmediatamente. No hay otros pasajes más que los puntos de salida predeterminados.

Puedes elegir cualquier marco de tiempo para encarnar, pero nunca te escaparás de los problemas de la vida porque también tú los escogiste. Experimentarás todo lo que tu alma ha elegido por sí misma.

¿Qué métodos nos ayudarán a sobrevivir al estrés severo?

La respiración profunda y la meditación son las mejores formas de sobrevivir al estrés. La fatiga mental es probablemente el peor tipo de estrés. La única forma de aliviarla es proyectar la mente hacia una montaña o hacia la costa. Unos minutos de este tipo de meditación pueden aliviar el estrés y la carga. Sorprendentemente, no se puede aliviar la fatiga mental con el sueño. La mente necesita diversión para aliviarse.

Entre más descubras la espiritualidad avanzada, más te darás cuenta cómo la vida es sólo una sombra de paso. Ciertamente necesitas concentrarte en tu vida amorosa, en tus negocios y en tu salud porque todo ello es parte de la vida. Son aspectos transitorios, como una pequeña estancia en la escuela. Puede que no te guste el dormitorio o las comidas, pero te graduarás, te lo garantizo. Nunca alguien ha regresado.

No permanezcas en situaciones que no puedes tolerar porque entorpecen tu crecimiento espiritual. La gente puede justificarse diciendo que si dejan una relación pueden herir a alguien más. Mi pregunta es: ¿Los lastimas al irte o les causas más dolor quedándote? No estoy abogando por el rompimiento de los matrimonios o de las relaciones, pero muy frecuentemente, la gente se queda en una relación pensando:

"Si me voy, ¿qué harán sin mí?" Bueno, pueden justamente ¡vivir!

Aquí hay algo que puedes hacer por ti y por los otros; en mi lado, lo denominamos *resonar*. El *resonar* es, cuando menos, un mundo muy nebuloso. Se relaciona con el trabajo interno en que un alma toca otra alma. *Resonar* es lo que llamamos intuición mental de un alma que alcanza a otra; es el acto de enviar premeditadamente olas de amor y calidez. Esto puede parecer simple, pero es como si se sintiera el cuerpo de otra persona. *Resonar* es probablemente la forma más psíquica de decir en dónde se puede encontrar el centro espiritual de otra persona.

Si envías estas olas amorosas y encuentras que están bloqueadas, continúa enviándolas. Estas olas se pueden relacionar con el trabajo, el matrimonio e incluso con la negatividad interna. Otra forma de prevenir el bloqueo es imaginar que hay una eternidad resplandeciente; tu propio espíritu te guía parándose enfrente de ti, rejuveneciéndote especialmente en el área del plexo solar. Debe enviarte olas amorosas.

Quiero darte varias meditaciones para que practiques. Si deseas avanzar con mayor rapidez, debes hacer cada una de ellas diariamente; no tienen que ser largas o laboriosas. Si puedes hacer cosas aparentemente interminables —conversaciones telefónicas con personas de quienes no quieres saber, programas de televisión que no te importa ver—, no hay excusa para evitar estas meditaciones.

La gente puede pasar horas interminables preparando su ropa, su peinado o los esquemas de venta para el siguiente día de trabajo, pero dedican muy poco tiempo a la espiritualidad. Hagamos de las siguientes meditaciones algunas de esas tareas obligatorias.

LA MEDITACIÓN DEL CASCARÓN

Quiero que empieces visualizándote dentro de un huevo. Esto es casi como regresar al vientre. Represéntate a ti mismo dentro de este huevo y permite que el cascarón simbolice la luz blanca del Espíritu Santo. Visualízate sentado dentro del huevo, tocando sus paredes. Siente lo seguro y cálido que es. Este huevo es de alguna forma transparente y puedes ver luz brillando a través de él, luz difusa. Entre más profundamente sientas este huevo alrededor de ti, mejor será la meditación. Deja que el huevo te encierre totalmente. Después di: "Soy la persona más importante en el universo", lo cual, claro, es la verdad. El huevo en el que te encuentras es el universo.

Continúa con esta afirmación: "Puedo estar callado, puedo estar quieto y puedo estar tranquilo. Puedo ser todo, puedo ser útil y ninguno de los mundos de la negatividad puede penetrar este cascarón. Aquí estoy, soy mi mejor amigo y mi mejor compañía". Ahora, deja que el cascarón se quiebre sólo un poco. Este proceso simboliza el nacimiento. No permitas que ningún miedo se pegue a la palabra cascarón. Desafortunadamente, condenamos a la gente a los cascarones, aunque es un acto muy positivo encerrarse por un momento porque, al hacerlo, encuentras un gran pacto de amor. Tu propio amor brotará de esta emanación del Espíritu Santo, regresando a ti en consecuencia. En esencia, el cascarón y el huevo simbolizan la resurrección de Jesús y una nueva vida

Cada vez que se practique con fe, esta meditación recreará un renacimiento. En otras palabras, este ejercicio te ofrece un nuevo inicio: "No sé si me gusto a mí mismo, así que me encerraré y lo intentaré otra vez. Cada vez que rompa el cascarón, me estoy pariendo a mí mismo. Es nuevo, es brillante, es brillante y es hermoso".

LA MEDITACIÓN DE LA BALSA

Quiero que uses lo que llamamos la balsa. Visualízate en el agua. Está oscuro, el viento está soplando y estás muy asustado. Permítete experimentar una leve reacción fóbica. Si tienes miedo al agua, de todas formas practica esta meditación. Siente las olas, siente la oscuridad y siente la soledad. De repente, desde esta oscuridad, ves que las nubes empiezan a dispersarse y te encuentras a ti mismo bañado con la luz de la luna. Estás tambaleante, estás tosiendo, estás mojado y tienes frío. Después de que las nubes desaparecen, observas una balsa que está cerca. Nunca antes has visto esa balsa. En cuanto la sientes te invade una abrumadora sensación de seguridad. Empiezas a nadar hacia ella. De hecho, asombrosamente, te ves a ti mismo en la balsa. Puedes preguntar: "Si estoy en el agua, ¿cómo puedo estar en la balsa al mismo tiempo?" El tú que está en el agua es el tú fóbico y temeroso —el emocional, tambaleante, asustado, temeroso tú—; el tú de la balsa es el sonriente y seguro tú.

Finalmente, la meta es juntar a ambos. El tú seguro alcanza y jala al tú asustado hacia la balsa. He aquí que el asustado tú se fusiona con el tú estable. Ahora imagina que el agua, la oscuridad, el miedo y el frío representan la negatividad que has tenido que experimentar en tu vida. Cuando has atravesado la desesperación, el dolor y el miedo te sientes como si hubieras sido abandonado. Si estás inmerso en un mal empleo, un mal matrimonio o una situación familiar difícil, arrójate al agua y lucha para encontrar el camino de regreso hacia el tú seguro que te está esperando en la balsa. Recuerda que se vuelve fácil para el tú asustado fusionarse con el tú seguro; esto no significa que ya hayas llegado. Seguirás experimentando dolor, sufrimiento y negatividad en tu vida; serás arrojado de regreso al agua contigo mismo. Usa esta meditación y asegúrate de que siempre te fusiones con tu ser seguro. En otras palabras, haz que desaparezca el asustado y frío ser, para que sólo permanezca el bello, brillante y sonriente ser.

§ § §

Las principales meditaciones implicarán estar cerca del agua o en ella, éstas son las más efectivas, porque el agua es el símbolo del nacimiento, del renacimiento, del bautismo y de la depuración. Mientras más uses el agua en tus técnicas de visualización —incluso puedes intentar con un riachuelo o una corriente—, mejor. Ahora no abundaremos en los aspectos psicológicos, sólo hay que apuntar que el agua también simboliza a la madre; sin embargo, estamos más allá de los matices psicológicos, elevados hacia el ser más alto, la conciencia superior.

LA MEDITACIÓN DE LA CORRIENTE DE LA VIDA

Mientras estás sentado, coloca tus manos sobre las rodillas y voltea las palmas hacia arriba. Esto te ayudará a recibir energía de tus guías. Rodéate del brillante color verde esmeralda. Ahora, cierra tus ojos. Empezarás a sentir una sensación muy cálida y una ligera pulsación en el plexo solar. Vuélvete muy consciente de tu cuerpo. Ahora, experimentarás una fuerza y una ligera presión en el centro de tu cuerpo. Visualiza el color verde. Si sientes que tu cuerpo necesita ajustarse, trata de controlarlo para que permanezcas inmóvil. No vas a ir más profundo; de hecho vas a avanzar hacia arriba en tu mente-alma superior.

Durante este estado, visualiza un arroyo suficientemente amplio para que quepa un pequeño bote, sencillo, sin remos; te sientas en él en silencio y dejas que la corriente te lleve. Mientras estás a la deriva, comienza a sentir la tremenda emanación de la esmeralda verde. Para intensificar el color, imagina que el follaje que está a tu alrededor emana un brillante color verde azulado, matizado con ramas colgantes.

Mientras sigues a la deriva, nota cómo el follaje, como la vida, se ensancha y empieza a hacer que te detengas. La corriente ya no es tan fuerte, el clima se vuelve húmedo y de alguna forma incómodo, tal como la vida se vuelve problemática e irritante. No obstante, mantén tu humor estable. Di esta afirmación: "Sobreviviré a esto. No estaré irritable, molesto, perturbado ni permitiré que el prejuicio me acose. No permitiré estas negatividades en mi vida". A veces el bote se atorará en las extendidas ramas. Extrañarás un viaje más rápido, un camino más suave, en tanto el viento golpea tu rostro. Aun así, como en la vida, serás detenido por estos obstáculos. Si lo deseas, puedes pelear con estas ramas o tratar de quitarlas de tu camino, pero son demasiado gruesas. Una fuerte ráfaga de aire impulsa al bote a moverse. Las ramas a las que les tenías miedo te lastiman, te raspan más entre más tratas de interferir. Sin embargo, las ramas más altas pasan por encima de ti, y aquellas que están en la orilla sólo arañan el bote. Cuando comienzas a moverte de nuevo, estás libre de inconvenientes, y sin esfuerzo de tu parte —como en la vida— estás de regreso en tu camino.

Cuando encuentres obstáculos en tu vida, no seas pasivo. Lucha para evadir tu destino.

Pelea contra los obstáculos, pero a su tiempo, serás liberado de ellos. Las heridas y contusiones que sufres no son en vano, así que permítete ser activo porque tú eres quien mueve este bote. Ves, observas, estás satisfecho, estás feliz. Y estás conforme de ir con el flujo de la vida porque te llevará a donde deba, sin interferencia tuya. Te pones a ti mismo en piloto automático antes de que llegues a esta vida, y la única razón por la que no completas tu misión es porque te entrometes en el plan. Completarás esta misión en esta vida o en la siguiente. Sólo intenta vivir en lugar de interferir.

❧ ❧ ❧

El dolor crónico marca a la persona, es por ello que los doctores están tan perdidos respecto a sus causas. Se origina en el sistema neurológico y no siempre se calma después de que la inflamación o la enfermedad cesan; permanece enviando señales. El sistema nervioso ha sido tan traumatizado que se autoengaña creyendo que el dolor existe aun después de haber desaparecido. La mente tiene que reprogramarse y decir: "He recibido la señal. El trauma ya no existe más. Quiero que te detengas". Entre más puedas crear tu propia anestesia, mejor estarás. Repite esta afirmación: "He interceptado el dolor, y ahora puedo producir mi propia anestesia". Es como hablar con tu propio Dios y decir: "Es suficiente. El dolor es demasiado profundo, ¡y no quiero aguantarlo más!" Sólo asegúrate de no detener ninguna otra señal válida que aparezca, excepto en el área del problema.

Cuando aconsejes a alguien —y todos los seres humanos están llenos de consejos—, evita la tendencia de hablarte a ti mismo a través de otra persona. Trata de ser objetivo. Éste es el camino más espiritual que puedes seguir. Cuando alguien te pida una opinión, no la interiorices. En lugar de ello, intenta ponerte en el lugar de esa persona. Es una modificación muy espiritual de la naturaleza humana.

Aprende a centrarte más en ti y sé más cuidadoso contigo mismo. Recompénsate más. Durante una semana, haz todo aquello que quieras hacer sólo para ti. Te garantizo que al final de la semana no sólo te estarás nutriendo a ti mismo, sino que estarás haciendo mucho más por otras personas de lo que habías hecho antes. La recompensa a sí mismo cuesta muy poco esfuerzo, pero una vez lograda, genera mucho amor. No existe el verdadero egoísmo, sólo hay miedo, y el miedo hace que uno sea introvertido. La palabra *egoísta* no tiene significado.

EL LABORATORIO TÉCNICO

Quiero enseñarte un método muy poderoso para lidiar con cualquier problema, sin importar si es mental o físico. Ésta es una técnica general de sanación que puede utilizar cualquier persona. La llamamos laboratorio. Es un lugar que puedes construir en tu mente, donde recibes sanación, consejo o ayuda para cualquier problema. Como sabes, en el Otro Lado los pensamientos son cosas. Cuando mentalmente construyes tu propio laboratorio, podemos verlo e ir ahí contigo y ayudarte. Pero primero debes crear la realidad para nosotros.

Crea tu laboratorio con tu mente. Aquí está el plano básico del área que deberás visualizar. En el ojo de tu mente, construye una habitación rectangular. La pared más lejana será un espacio abierto en donde tendrás una hermosa vista de una escena acuática, lo que le añade poder a la curación. Las otras tres paredes son de color verde claro, que también significa sanación. En el centro de la habitación, imagina una mesa suficientemente larga para que te recuestes sobre ella. Dale a la mesa algo de carácter, añadiendo figuras talladas o algún otro tipo de adorno. Entre más detalles le des a esta habitación, más fuerte será su existencia. Construye la mesa y las paredes de cualquier material que te agrade. La habitación no debe ser muy austera, así que coloca algunas cosas alrededor: sillas, piezas de arte y otros artículos que te resulten conocidos y cómodos. Ahora, imagina una ventana de vidrio teñido en la pared abierta; puedes diseñarla como gustes, pero los colores deben ser muy brillantes; adórnala con largos bloques o bandas azules, púrpuras, doradas y verdes.

Una vez que hayas construido el laboratorio, camina mentalmente hacia él. El mejor tiempo para hacerlo es en la noche, mientras te vas a dormir. Pero, por favor, completa esta meditación antes de quedarte dormido o el laboratorio desaparecerá. Por supuesto que puedes usar la habitación de alguien más, pero trata de construir la tuya. Cuando entres al laboratorio, párate frente a la ventana de vidrio; luego, permite que cada rayo de color penetre tu mente y tu cuerpo. El color azul proporciona tranquilidad al alma y al espíritu; el color púrpura brinda un aumento de espiritualidad y atención; el color dorado ofrece dignidad elevada e intelecto; y el color verde promueve la salud. Permite que estos colores brillantes te cobijen con calidez y felicidad. Intenta visualizar cada color mientras entran en ti y limpian tu alma. Ahora, pídele a la luz blanca del Espíritu Santo que te rodee y que te haga bien. Siente cómo te conviertes en todo, con una nueva percepción de estabilidad, poder y control.

En este momento, ve hacia la mesa y recuéstate, aún envuelto en la sensación del amor de Dios. Invita a los maestros y doctores para que trabajen en un área particular de tu cuerpo. Debes especificar el área a cuidar y elegir sólo una durante cada sesión. Al mismo tiempo, puedes pedir ser aliviado de presiones emocionales y mentales. Ríndete completamente a sus manos, porque son directamente las de Dios. Una vez que hayas llegado a la mesa puedes dormirte. Esto está bien porque la habitación ya ha sido creada, has pedido ayuda y has especificado el problema. La mesa tiene en sí misma una cualidad anestésica.

Usa el laboratorio para todos los problemas en tu vida; incluso puedes traer a algún ser querido aquí. Primero, crea el escenario, después ponlo mentalmente en la luz blanca, llama al Espíritu Santo, visualízalo en la mesa y pide a los maestros que le ayuden con su problema. Ahora, créeme cuando te digo esto: la técnica de laboratorio es una de las meditaciones más milagrosas. No hay límite de lo que puedes hacer con ella. La única barrera que puedes encontrar es que alguna persona no quiera cooperar. Si cuando estás ayudando a alguien no ves resultados, eso indica, obviamente, que no quiere ayuda. No puedes interferir en las elecciones de otra persona.

EL TEMPLO DEL SILENCIO

Aquí hay otra meditación que te ayudará con otros problemas que surjan. Para ellos, iremos al "Templo del Silencio". Éste es un lugar en el Otro Lado, un templo muy decorado y bello en forma de octágono. Puedes pedirle mentalmente a tu guía espiritual que te lleve ahí. Practica esta meditación en la noche, justo cuando estés por dormirte.

Acércate caminando al templo y entra. El piso parece ser de mármol, pero mientras avanzas hacia el centro, cada bloque que pisas emite un rayo de luz que brilla directamente hacia ti. Es realmente muy amoroso. Algunos de los colores que emanan incluyen tonos de rosa, malva, azul y verde. Cuando llegas a la mitad de la habitación, puedes pedir que se resuelva un problema concreto. En este momento, un cristal octagonal en la pared de enfrente emitirá un rayo de luz hacia tu tercer ojo. Cuando esto ocurra, el problema vivirá frente a ti, representado en una película tridimensional, y podrás ver todas las opciones abiertas para que lo resuelvas.

Puedes usar este Templo del Silencio para cualquier problema en tus relaciones personales, situaciones laborales, pruebas o asuntos financieros, para cualquier cosa que te preocupe. También puedes ajustar los resultados finales del modo que desees, pero recuerda, observa todas tus posibilidades primero.

Por ejemplo, si pierdes tu trabajo, ¿cuál es la siguiente opción? Puede ser sólo conseguir un mejor trabajo. Si no puedes llevarte bien con alguien, examina todas las opciones representadas frente a ti. Después puedes elegir la que mejor te acomode.

El Templo del Silencio es probablemente una de las meditaciones más benéficas y no es difícil de hacer. De hecho, todo el tiempo practicas esta técnica en tu mente, con situaciones hipotéticas. Te acostumbras tanto a ver las cosas fuera de ti, y eso es porque estás tan atrapado en un cuerpo físico, que es difícil salir de tus procesos mentales. En otras palabras, digamos que ahora estoy en el templo y que un rayo de luz brilla dentro de mí. Aparece una pantalla frente a mis ojos y me veo a mí misma representando cierta situación. Si no me gusta el escenario, puedo cambiar su enfoque y dirigirlo hacia otras opciones. ¿Ves lo que intento decir? El Templo del Silencio es muy funcional; puedes preguntarte: "¿Qué es lo peor que puede pasar?" Sorprendentemente, lo peor que pudieras anticipar puede reprogramarse hacia algo mejor, así que si no te gusta el resultado de un problema, puedes reconstruir a los personajes y trabajar en la solución de la forma que gustes para tu propia evolución. Esta frase es vital: "Para tu propia evolución"; mantenla intacta e intégrala a ti. No vas a hacer nada para perturbar la vida de alguien más porque todos están vinculados.

$$\text{\Large ⸘ ⸘ ⸘ ⸘ ⸘ ⸘}$$

Parte II

Después de la vida: el Otro Lado

Durante siglos, la humanidad se ha preguntado si existe o no una vida más allá de ésta. En esta incertidumbre, ha usado varias palabras y frases —religiosas o no— para describir este estado. Dependiendo del sistema de creencias de cada persona, las descripciones pueden abarcar desde los bien conocidos términos Cielo y Nirvana, hasta nombres más antiguos como Monte Olimpo. Dentro de la Sociedad de Nuevos Espíritus, llamamos a la vida del más allá y sus ambientes el *Otro Lado*. En las siguientes páginas, leerás detalladamente acerca del Otro Lado: su función, estilo de vida y población, en otras palabras, su ambiente completo y su propósito.

Aquellos que han sido dogmáticamente programados con creencias tradicionales sobre la vida posterior se sorprenderán mucho con las descripciones que aquí se presentan; los librepensadores se asombrarán por ciertos aspectos y contenido; aquellos que no tienen ninguna creencia acerca del tema encontrarán una aquí.

Ciertamente obtendrás algo de esta información, así que mantén una mente abierta y toma sólo aquello que esté bien para ti. Algunos absorberán ávidamente todo y encontrarán paz y amor en ello; otros digerirán fragmentos que vayan de acuerdo con la estructura de sus creencias. Creo, sin embargo, que aun la persona más escéptica verá y reconocerá la verdad y la lógica detrás del Otro Lado.

$$\S \; \S \; \S$$

¿Qué es el Otro Lado?

El Otro Lado es simplemente otra dimensión. Todos pueden relacionarse en el ambiente tridimensional en el que viven, llamado Tierra; de hecho, excepto aquellos que hayan experimentado algún tipo de fenómeno paranormal, sólo tienen memoria consciente de la Tierra. Aceptan esto como realidad porque pueden ver, tocar y escuchar todos los sucesos que tienen lugar en su mundo. En consecuencia, se sienten de algún modo seguros en esta perspectiva de la realidad y rara vez se molestan en cuestionar a Dios, a la vida posterior o a la existencia misma. La vida parece bastante simple, mientras que la religión (y su multiplicidad de creencias) es muy complicada.

El alma está en la oscuridad, pero no porque fallen los cinco sentidos. Realmente se busca la verdad; pero, ¿qué persona, iglesia u organización tiene la respuesta? El dilema es creer en algo sin prueba tangible. Eso no es fácil, como evidencia está la preponderancia de varias religiones, filosofías y teorías científicas.

La posibilidad de otra dimensión no es en forma alguna un pensamiento nuevo. Filósofos y místicos han expuesto esto por siglos. Los científicos también han intervenido, por decirlo de algún modo, con sus teorías de las dimensiones paralelas y universos alternativos al otro lado de los agujeros negros. Por el momento, te pido que hagas a un lado cualquier teoría confusa y escuches la lógica.

Sabes que existes porque tus cinco sentidos te lo demuestran. Bien decía Descartes: "Pienso, luego existo". Si aceptas esta realidad, entonces la lógica indica que hay una existencia finita, cuando mucho, debido a tu limitado espacio de vida. Entonces habría que preguntarse: "¿Es que no hay nada más?" Nuevamente la lógica dicta la respuesta obvia: "No". La razón es simple: sería la mejor broma jamás hecha a la humanidad. Decir que la existencia es sólo el corto periodo de tiempo que se vive en la Tierra, especialmente con todas sus inquietudes, es ridículo. La vida en la Tierra no es en absoluto igual. Algunos viven mucho, otros, sólo poco tiempo. Algunos son pobres, otros tienen una considerable riqueza. Algunos tienen características raciales que los hacen ser más discriminados que otros, y la lista continúa. Claramente, definir la existencia sólo como el periodo de vida que se pasa en la Tierra no tiene sentido.

Así que, ¿en dónde está el resto de la existencia? Otra vez, debe usarse la lógica para responder. Si no puede percibirse el recordatorio de la existencia con los cinco sentidos, entonces debe de estar en un terreno más allá de la percepción sensitiva.

El Otro Lado está, en efecto, más allá de la percepción sensitiva de la humanidad. Existe otra dimensión en una frecuencia más alta de la materia. En la actualidad, ¡es *realidad!* Piensa lógicamente por un momento y considera cómo se comparan cien años con la eternidad. Es como una gota de agua en un gran océano: si la lógica *dicta* esta comparación, entonces debe también implicar que la vasta mayoría de la existencia no está en el plano de la Tierra. Y cuando no estás en el plano terrenal, tú, como yo, estás en un lugar que le llamamos hogar. Es un paraíso, es un cielo, es la última realidad de la existencia. Soy la que vive y tú, en esencia, eres el muerto, porque vives en un estado de irrealidad con límites temporales.

Por favor, no te molestes por esto, porque finalmente todos vendrán a casa y existirán en la verdadera realidad en la que me encuentro ahora, cuando hayan cumplido su propósito en la Tierra. Puedes no ser capaz de comprender totalmente el hecho de que ahora existes en un estado de irrealidad, pero déjame asegurarte que cuando cruces a mi lado, esto será muy claro. En ese momento, recobrarás completamente la memoria y los sentidos, los cuales se unirán en la verdadera realidad. En el plano de la Tierra, los seres están en desventaja porque no poseen las mismas facultades que cuando existen en el Otro Lado. Hay una razón para esto: sería muy doloroso e insoportable si pudiera recordarse completamente el hogar.

Muchas entidades programan una vida física para experimentar la negatividad. No hay negatividad en el Otro Lado (la verdadera realidad de la existencia); sólo existe en el plano terrenal, y como es parte del conocimiento, casi todas las creaciones de Dios eligen acumular sabiduría para aumentar la evolución de su alma. El propósito de la vida es acumular conocimiento y experiencia de Dios, y nunca se termina de hacer esto, ni siquiera en el Otro Lado.

Para resumir: la verdadera existencia está en otra dimensión que llamamos el Otro Lado. Esta dimensión tiene una frecuencia vibratoria mayor que la materia, y va más allá del terreno de los cinco sentidos. En ella se vive eternamente, excepto por las estancias en un plano de irrealidad (como la Tierra), en donde temporalmente se vive la experiencia y se aprende para que el alma evolucione. El Otro Lado es el *verdadero* hogar.

¿En dónde está el Otro Lado?

El Otro Lado es una dimensión que existe prácticamente arriba de la dimensión en la que actualmente vives. Sin embargo, hay variantes, debido a que el Otro Lado está sujeto a leyes físicas diferentes de las de tu plano. El plano terrenal es temporal y contiene energía negativa, que de hecho es lo que puede llamarse *antimateria*. La energía y la materia del Otro Lado son materia *verdadera*.

El Otro Lado está superpuesto a tu plano, pero se localiza unos noventa centímetros más arriba. Ésta es una razón por la que aquellos que han percibido espíritus o fantasmas los ven flotar ligeramente por encima del nivel del piso. Básicamente, el plano terrenal y el Otro Lado comparten el mismo espacio; pero debido a la más alta vibración de la frecuencia del Otro Lado, no puedes sentirla ni percibir su existencia. Ustedes son como fantasmas en nuestro mundo, y debido a que nuestros niveles sensoriales están más desarrollados, los percibimos mucho más fácilmente que ustedes a nosotros. Sólo necesitamos concentrarnos un poco y activar nuestros sentidos de forma más aguda para que podamos ver con claridad dentro de ustedes.

A pesar de su gran proximidad con el plano terrenal, el Otro Lado no es una completa reproducción de su mundo material. Todo lo que es bello en su plano —montañas pictóricas, árboles, flores, ríos y más— está replicado en el nuestro, básicamente en las mismas ubicaciones. Sin embargo, no duplicamos los cambios creados por los humanos, a menos que sean de gran belleza. Aunque tenemos grandes cuerpos de agua en el Otro Lado, nuestros océanos no son tan inmensos como los suyos. Mucha de la superficie oceánica en su plano es tierra para nosotros.

Esto nos lleva a otro punto importante. Debido a que las leyes físicas varían en el Otro Lado, tenemos más espacio para vivir. Déjame explicar esto para que puedas entenderlo. Sin cambiar nuestro tamaño, somos capaces de llenar una habitación de 2.70 por 3.60 metros con cientos de personas. Nuestras leyes físicas nos permiten hacer esto sin comprimirnos en tamaño microscópico, porque el espacio en tu plano es muy diferente. Así que, aunque en nuestro plano existen muchas más entidades, tenemos más espacio y no estamos amontonados en absoluto. Esto aplica también a la tierra, espacios abiertos, cuerpo de agua, edificios y todas las cosas materiales.

Hasta ahora, he hablado de la ubicación del Otro Lado en relación con tu planeta. La Tierra, sin embargo, no es el único planeta habitado en el universo. Hay millones de planetas como el tuyo, en donde existen entidades de varias formas y tamaños y cada planeta habitado tiene su propio Otro Lado. En esencia, cada Otro Lado es una bellísima réplica de su planeta en particular, y está ubicado en la misma dimensión, así que viajamos frecuentemente entre ellos como queremos.

Cuando viajamos hacia otras áreas del universo, lo hacemos gracias a códigos numéricos. El universo está dividido en muchas áreas, y este sistema hace más fácil identificar ubicaciones. Para cubrir un terreno tan amplio, se asignan códigos numéricos a diferentes secciones dentro de las secciones para que pueda encontrarse un lugar en particular.

Por ejemplo, si quiero ir a la nebulosa de Cáncer, puedo decir que quisiera ir a XL-16 y desearme ahí. Llego en un instante. Podemos teletransportarnos inmediatamente con sólo el pensamiento, pero es difícil explicar este fenómeno a menos que pueda verse. Tenemos un gran panel de información en el que podemos revisar códigos numéricos y ubicaciones para dirigir nuestro viaje a lugares desconocidos en el universo. Yo personalmente, no he estado en regiones foráneas, aunque hay muchas entidades que lo han hecho.

La conveniencia de viajar ha implicado optimizar la comunicación efectiva entre varios de los otros lados de planetas habitados. Esto favorece el conocimiento, mientras se intercambian libremente los descubrimientos. Para facilitar su comprensión, limitaré mi exposición al Otro Lado del planeta Tierra. No obstante, mantén en mente que muchos otros lados en varios planetas operan de forma muy parecida.

¿Podrías describir el Otro Lado?

La belleza del Otro Lado es tan gloriosa que la podrías tildar de increíble. Puedo asegurarte que, sin embargo, es aun mejor de lo que la describo. Si puedes imaginar la cosa más bella que hayas visto y luego multiplicarla por cien, entonces puedes estar cerca de imaginar la belleza y la composición del Otro Lado. Los colores del Otro Lado son indescriptibles, especialmente porque no tienes esos colores en tu plano. Son más brillantes; con más tonos, riqueza y profundidad que cualquier otro color que hayas visto en cualquier imagen, flor o ropa. Los verdes son verdes-verdes, los rojos son rojos-rojos y así sucesivamente. Es muy difícil retratarlos a menos que los experimentes.

Los colores, especialmente, son evidentes en la naturaleza. Nuestras flores son absolutamente maravillosas y mucho más grandes que aquellas en tu plano. Nuestro pasto es denso y suave, nuestros árboles más verdes que el verde, y todo es exuberante y vibrante. Todas las maravillas naturales existen de nuestro lado: montañas, ríos, árboles, flores, pasto, rocas, lagos y costas, que se combinan en grandes paisajes de increíble belleza. Ciertas áreas como ésas también están deshabitadas para que podamos disfrutar de lo salvaje y libre de la naturaleza.

Todos los animales en el plano terrenal, desde un elefante hasta una mascota, pueden encontrarse en el Otro Lado. La diferencia, sin embargo, es que son amigables y sociables. Verás a un león retozar con una gacela más que persiguiéndola. No existe la pérdida de vida o caza predatoria de un animal a otro. Los enemigos dentro del reino animal en tu plano son completamente amistosos en el nuestro. Las únicas criaturas vivientes ausentes en nuestro lado son aquellas irritantes necesidades del ecosistema. Insectos tales como moscas comunes, hormigas o mosquitos no existen, ni hay plagas, como ratas y caracoles. Sólo están duplicados los animales que son bellos o que añaden felicidad a nuestro lado.

Puede interesarte saber que las mascotas que viven en tu plano van al Otro Lado cuando mueren. Si has amado a un perro o a un gato, te estarán esperando cuando regreses al hogar. Mi querida Sylvia tiene un gran espacio en donde todas sus mascotas, que ha reunido a través de sus encarnaciones, la están esperando (y es un número considerable); cuando llega a casa, siempre hay una gran reunión.

Muchas estructuras hechas por el hombre, si son cautivadoras, se duplican en el Otro Lado. Tenemos construcciones que representan cada tipo de arquitectura, aunque muchas de ellas representan la Grecia clásica y los periodos romanos. Tenemos grandes foros en donde escuchamos conferencias y vemos las artes, tremendas librerías y centros de investigación en donde reunimos el conocimiento, así como casas individuales y edificios más pequeños para residencia o uso general. Tenemos fuentes exquisitas y plazas, patios y parques, así como jardines y áreas de meditación. Aun las descripciones de Utopía no serían suficientes para retratar el esplendor y eficiencia de mi lado. ¡Es verdaderamente un paraíso!

También puede interesarte saber que estas áreas en el Otro Lado proveen abundancia para cierto estilo de vida. Por ejemplo, digamos que una persona tiene muchas vidas, en un periodo particular de la historia, tal como en los tiempos medievales, y creció para disfrutar tal era. Hay un área en mi lado que exclusivamente representa la arquitectura, música, arte y trabajo de este tiempo. Una entidad puede elegir vivir en este ambiente medieval, con todos sus castillos, aldeas, hábitos sociales, ropas y todas las cosas pertenecientes a ese periodo. Existen ambientes similares por prácticamente cada periodo cultural de la historia de la humanidad.

Aquí hay información adicional acerca del Otro Lado: primero que nada, no tenemos estaciones. La temperatura constante es de 22°C sin fluctuaciones. Esto es muy cómodo para nosotros: ni muy caliente ni muy frío, y nos brinda la flexibilidad de vestirnos como queramos sin tener que preocuparnos por el clima.

Segundo, no tenemos sol. El Otro Lado está bañado por una luz de tonos rosáceos, que constantemente amplifican la belleza. También hay luz continua, debido a que no tenemos lo que llaman ustedes *noche*. Para finalizar, no hay oscuridad en el Otro Lado, sólo luz y belleza.

¿Tenemos otro cuerpo en el Otro Lado?

Sí, definitivamente tenemos un cuerpo. Sé que algunas de las religiones profesan que no hay cuerpo, o que cuando mucho, sólo es una masa etérea e intangible en el Otro Lado: primero que nada, tú y sólo tú escoges tu cuerpo y sus características. Decides los atributos físicos que tendrás —desde el color del cabello hasta el peso y la altura—. Eliges si serás o no delgado, fornido, o un tanto rollizo. Como entidad, fuiste creado para tener cierto género sexual; puedes cambiar la apariencia de tu cuerpo cuando quieras, pero no podrás cambiar tu estructura sexual. Eliges tus características faciales, el color de los ojos y la piel, tu figura y la psique.

Además puedes elegir cualquier imperfección para tu cuerpo. Éste es un gesto simbólico para mostrar que las creaciones de Dios no son perfectas como Él lo es. El defecto puede ser una pequeña cicatriz, una veta en el cabello o cualquier cosa que visualmente indique una pequeña imperfección.

Otro hecho que disfrutarás: tu cuerpo no requiere ser sustentado, no hay necesidad de comer, beber o dormir. Muchos de nosotros en nuestro lado sólo comemos o bebemos como tradición o costumbre en algún evento social. No dormimos, pero a veces nos reclinamos y meditamos o sólo nos relajamos. Sin esta necesidad de consumir, hay más tiempo para aprender, trabajar, jugar y disfrutar la existencia al máximo. Si una persona *decide* comer, la comida es usualmente insípida —por lo tanto, el acto de comer por el sabor no tiene sentido—.

En el Otro Lado, el cuerpo es casi una réplica exacta de su composición en la Tierra. Tiene corazón, pulmones, hígado, vesícula biliar y así sucesivamente, pero están ubicados del lado contrario del cuerpo en el plano terrenal. Estos órganos no tienen función, pero son imitaciones simbólicas del cuerpo terrenal.

¿Existe algún gobierno en el Otro Lado?

No tenemos una forma de gobierno *per se*, pero sí tenemos una jerarquía. Está conformada por un consejo de ancianos y de ahí en orden descendente siguen: arquetipos, guías espirituales, entidades de sexto nivel, entidades de quinto nivel y así sucesivamente. Antes de que te confundas con todos estos nombres y términos, déjame explicar cada uno:

Los ancianos son creaciones especiales que nunca encarnan. Tienen un sabio y bello amor por toda la creación, como Dios. Como portavoces de la Divinidad, por lo menos en la forma verbalizada, estos ancianos brindan mucha información. Son humanoides en apariencia, pero en lugar de vivir en un nivel particular, caminan con todos. Son sabios, amorosos y ofrecen su ayuda a todos. Toman la apariencia de gente anciana, no como el resto de nosotros, con cabello gris o blanco o barbas. Su sabiduría es vasta, y cuando es necesario, son llamados para promulgar políticas o edictos.

Los arquetipos también son humanoides en forma (sin distinción sexual), pero son creaciones completamente diferentes de la mayoría de las entidades que residen en el Otro Lado. Todos se parecen, casi como androides en forma humana; todos se comunican unos con otros telepáticamente, pero no con nosotros. No es que no nos respondan, pero son comparables a los sordomudos, tienen su propia forma de expresarse entre ellos mismos.

Los arquetipos son entidades que parecen brillar con una energía que nadie más posee. A veces, cuando observas un arquetipo por un largo periodo de tiempo, los ojos reaccionan como si un fogonazo pasara en frente de ellos. Los ancianos dicen que el propósito de los arquetipos es proveer del amor más puro y protección a aquellos en tu plano, así como a los nuestros. Nadie sabe realmente cuántos de ellos existen, pero cuando se necesita ayuda, miles responden.

Los arquetipos son creaciones muy poderosas y los guías espirituales con frecuencia los usan para ayudar a aquellos a quienes cuidan en la Tierra. En tu Biblia se llaman *arcángeles*. Debido a su brillantez y energía, se han observado en nuestra dimensión y se han confundido con apariciones de Jesús. No se sabe mucho de ellos, así que aún son un misterio para nosotros, pero el amor y la protección que nos dan no lo es.

Los guías espirituales tenemos deberes adicionales, como comunicarnos en tu plano a través de médiums o psíquicos por varios métodos. Toma muchos años funcionar de esta manera (lo que podemos llamar un control). Esta comunicación se verbaliza de diversas maneras: a través de un médium que esté en trance (mi método), manifestando fenómenos físicos con ayuda de un médium físico, transmitiendo energía a través de un sanador físico, canalizando verbalmente a través de un médium clariaudiente (yo también lo hago) y alimentando fuertes impresiones a través de un médium canalizador. Todas estas prácticas toman años de instrucción y, si no se conducen adecuadamente, pueden dañar considerablemente a un psíquico o a un médium.

Para entender la jerarquía de las entidades del quinto y sexto nivel, debo dar detalles acerca de los siete niveles de delineación en el Otro Lado. Estos niveles nos permiten clasificar y organizar grupos de entidades de acuerdo con su experiencia y vocación. No son niveles de desarrollo.

El primero y segundo niveles son para la orientación, en ellos viven temporalmente las entidades que acaban de cruzar desde tu plano (estos niveles serán explicados posteriormente).

El tercer nivel es para entidades que eligen un estilo de vida más simple y más rural. Estas entidades eligen trabajar con animales, agricultura y artesanías.

Las entidades de cuarto nivel están un poco más diversificadas: ejercen en campos estéticos como el arte, la escritura y los oficios.

Las entidades del quinto nivel orientan. Algunos son consejeros, otros son controles, y cultivan áreas como los negocios, la medicina, la ciencia y estudios relacionados.

Las entidades del sexto nivel son organizadores, maestros, oradores, filósofos y líderes.

En consecuencia, las entidades de quinto y sexto nivel en muchas ocasiones se convierten en supervisores, gerentes o líderes en varios tipos de esfuerzos vocacionales. Debido a la experiencia que se requiere en estos niveles, las entidades tienen mayor responsabilidad como cabezas de proyectos de investigación y en centros de orientación.

Las entidades de séptimo nivel eligen regresar a la Divinidad y, en consecuencia, vivir en el Otro Lado por un corto periodo de tiempo. Pocas toman esta decisión porque requiere la pérdida de la individualidad y de la personalidad, mientras la energía de su creación regresa a la Divinidad. Las entidades que han elegido este nivel son muy espirituales y evolucionadas, porque su amor a Dios es tan intenso, que desean ser absorbidos por él otra vez.

Si nuestra jerarquía fuera un tipo de gobierno, parecería más una forma pura de la antigua democracia griega: interacción completa con todos en mi lado, y el poder de actuar o contribuir si se es elegido. Debido a que no hay egos en el Otro Lado, nuestra jerarquía rige con completo amor y armonía, deseando lo mejor para cada individuo, así como para la totalidad.

¿Todos los niveles están juntos?

Sin importar en qué nivel elijamos vivir, todos nos encontramos en la misma dimensión. Hay áreas en mi lado en donde la población es predominante en el mismo nivel, por conveniencia y estilo de vida o propósitos vocacionales.

En el plano terrenal hay siete continentes, y nosotros contamos con siete áreas correspondientes en el Otro Lado. Cada una está dividida en cuatro secciones, que dan un total de 28. Cada cuadrante tiene un propósito de esfuerzo principal, y las entidades que contribuyen a estos esfuerzos residen ahí para compartir intereses similares o vocaciones.

Por ejemplo, en lo que llaman Norteamérica hay cuatro cuadrantes. El cuadrante uno es básicamente pastoral, y hay muchos animales; la investigación se enfoca en la labranza y la agricultura. Está habitada por aproximadamente en un 80% por las entidades de tercer nivel y un 20% por las entidades de cuarto, quinto y sexto nivel.

El cuadrante dos es un área industrializada dedicada a la investigación de nuevos métodos de producción y diseño. Está habitada aproximadamente en un 60% por las entidades de tercer nivel, 30% por las entidades de cuarto nivel y el 10% restante es una combinación de las de quinto y sexto nivel.

El cuadrante tres es un área estética, debido a que ahí se crea mucho arte y belleza. Está habitada aproximadamente en un 80% por entidades de cuarto nivel, 15 % de quinto nivel y el resto de tercero y sexto niveles.

El cuadrante cuatro es de dominio científico para el trabajo médico y científico. Está ocupado aproximadamente en un 40% por entidades de quinto nivel, 40% de sexto nivel y el 20% restante contiene entidades de tercero y cuarto nivel.

Debe notarse que todos los niveles son iguales, sólo se distinguen por la experiencia de las entidades y su vocación. Por lo general, las entidades de alto nivel tienen más encarnaciones; han visitado el plano de la Tierra más veces y, por lo tanto, han ganado más experiencia acerca de la negatividad y todo lo que tu planeta tiene que ofrecer.

¿Se trabaja en el Otro Lado?

Todas las entidades creadas trabajan en el Otro Lado. La palabra *trabajo* es probablemente un término inadecuado en este caso, debido a que todos disfrutamos verdaderamente lo que hacemos. A diferencia de lo que ocurre en tu plano, en donde se trabaja para comer, vestirse y mantener una familia; nosotros trabajamos porque lo disfrutamos y podemos obtener más conocimiento de Dios, nuestro creador.

Seguramente te interesa saber que *todo* conocimiento acumulado en el plano terrenal —desde los nuevos descubrimientos e invenciones hasta el redescubrimiento del conocimiento antiguo— primero fue consultado en mi plano. Esta sabiduría, obtenida de nuestro trabajo e investigación, es transferida a tu plano de varias formas, implantándolo en el cerebro de un investigador, científico o filósofo. Inventos, curas médicas, nuevas teorías científicas y descubrimientos se transmiten *todos* desde nuestro plano para su uso y beneficio. Incluso cosas tales como la música, el arte y los nuevos diseños se implantan en los individuos de tu plano.

En general, tenemos varios intereses o pasatiempos además de nuestro trabajo. Uno de nosotros puede ser un físico ávido, por ejemplo, y aun así encantarle navegar, escribir, montar a caballo o practicar un deporte como el jai-alai. Debido a que no tenemos referencias como tus horas y minutos —éstos existen sólo en tu plano—, tenemos abundante tiempo libre para dedicar a cualquier interés.

A veces es difícil entender tu esquema de tiempo. Si vives cien años en tu plano, aquí sólo has envejecido pocas semanas. No es fácil explicarlo, porque no medimos el paso del tiempo de forma alguna; sólo podemos ofrecer esta analogía para ayudarte a entender.

Cuando tus seres queridos cruzan al Otro Lado, les es complicado dejar atrás a algunas personas. Aunque estarás con ellos en breve, saben que pasarás por varias pruebas y tribulaciones. También reconocen, sin embargo, que regresarás a casa pronto, sano y salvo; por lo tanto, no pueden molestarse demasiado por las dificultades que puedan atravesar —aunque sea dolor, sufrimiento o pena—, porque saben que te verán pronto, aunque te queden muchos años por vivir en tu plano.

Digamos que uno de tus hijos se lastima un dedo con una espina. Puedes comprenderlo mientras le duele, pero sabes que la herida sanará y funcionará normalmente en corto tiempo. No puedes molestarte mucho por asuntos tan triviales. Ésta es la razón primaria por la que los controles como yo tenemos que pasar un entrenamiento intensivo. De otra forma, no podríamos relacionarnos con tus problemas humanos. En un sentido, tenemos que volvernos casi humanamente familiares con tu plano y su impacto negativo —menor, sin embargo— en las entidades creadas. Tenemos que aprender a ser comprensivos para comunicarnos efectivamente con tu plano terrenal, a través de médiums como Sylvia.

Así que, no te molestes si uno de tus seres queridos cruza y no puedes sentir su presencia, o si no puedes experimentar la comunicación desde más allá de la tumba. Probablemente estén involucrados en su trabajo, sólo esperando el corto periodo de tiempo que tiene que transcurrir antes de que regreses a casa.

¿Tenemos funciones humanas normales en el Otro Lado?

Funcionamos muy parecido a ustedes en su plano, exceptuando varias diferencias positivas. Como ya se dijo, no tenemos que comer, beber o dormir; tampoco tenemos movimientos intestinales de ningún tipo, ni algún desajuste físico en el cuerpo o en la mente.

Tenemos los cinco sentidos que existen en tu plano, pero están verdaderamente aumentados. Podemos oír, probar (si decidimos hacerlo), sentir, hablar y ver mucho mejor que en tu plano. Nunca nos cansamos, aburrimos o nos lastimamos de forma alguna. Mental y físicamente, nos sentimos cien veces mejor que tú, en tus momentos óptimos.

¿Qué habilidades tenemos en el Otro Lado que no tengamos aquí?

Las limitaciones del cuerpo y de la mente difieren de tu plano al mío. Las entidades en el Otro Lado se comunican principalmente de manera telepática, sobre todo en grupos pequeños; en reuniones sociales más numerosas, se prefiere la palabra hablada para que no haya confusión.

También tenemos la habilidad de la bilocalización. Esto significa que podemos visitar algo o a alguien y seguir haciendo nuestro trabajo. Nos concentramos profundamente y nos proyectamos con la mente hacia ese lugar diferente. Esto es fácil; muchas entidades pueden bilocalizarse con propósitos de asistencia. Si es necesario, Jesús puede hacerlo en millones de lugares.

Además, poseemos toda la sabiduría disponible. Podemos recordar rápidamente nuestras experiencias y acumularlas como conocimiento, al igual que todas las encarnaciones, aprendizajes y progresos que hemos alcanzado durante nuestra estancia en el Otro Lado. Aquí tenemos acceso a toda nuestra experiencia, mientras que en la Tierra el gran caudal de tu conocimiento está bloqueado en tu subconsciente.

Todo conocimiento al que queramos acceder está disponible a través de los archivos Akásicos, que contienen toda la sabiduría —pasada, presente y futura— para tu planeta Tierra y las creaciones que viven en el Otro Lado. Cada planeta habitado tiene sus propios archivos Akásicos, que incluyen los de su Otro Lado.

¿Mantenemos nuestra identidad y personalidad?

Todos mantienen su identidad y personalidad básica —su individualidad— cuando están en el Otro Lado. Las únicas excepciones son aquellos que eligen el séptimo nivel y que son absorbidos de regreso a la Divinidad. Lo más difícil es darse cuenta que la personalidad e individualidad actúan como un compuesto de todas las experiencias: las del Otro Lado y las de encarnaciones de varias vidas.

Las experiencias, sean buenas o malas, te influyen como persona. Las acciones, así como los eventos a los que te enfrentas, ayudan a crear tu personalidad y determinan cómo reaccionarás en una situación dada. Has vivido en varios lugares alrededor del mundo en tus vidas pasadas, y las experiencias recolectadas durante aquellas vidas *hoy* moldean tu personalidad individual. Ésta es una razón por la que la terapia de regresión hipnótica puede ser tan efectiva en la resolución de problemas psicológicos y físicos.

Cuando estás en mi lado, tu personalidad no cambia; trabaja a su nivel óptimo. Imagina que estás en el periodo más feliz de tu vida, con tu personalidad en su apogeo, emanando encanto y felicidad. Toma este sentimiento y multiplícalo por cien y entonces tendrás un indicativo de cómo funciona tu personalidad *todo el tiempo* en el otro Lado.

¿Qué hay respecto a la gente que no nos agrada?
¿De pronto todos nos caen bien?

Las cosas que nos gustan y las que no nos gustan son parte de nuestra personalidad y están relacionadas directamente con la propia experiencia. Si no nos importa otra persona, casi siempre es porque nuestra experiencia con ella (o con alguien parecido) ha sido negativa. Lo que no nos gusta no existe como una entidad; debe formarse desde nuestra propia experiencia.

En el Otro Lado, nuestra conciencia está abierta al máximo. De hecho, vemos por qué la gente nos ha tratado pobremente, sea porque estaban bajo mucha presión o porque el evento fue una experiencia de aprendizaje para el alma. Con este conocimiento, nuestra percepción es muy diferente de lo que sería en el plano terrenal. A la mayor parte de nosotros, no hay nada que nos disguste en el Otro Lado. Amamos a todas las almas de la creación porque son parte de Dios, tal como lo somos nosotros.

Ha habido muchos casos en que las relaciones no funcionan en nuestro lado, pero no significa que los individuos se odien unos a otros. Aunque aman el alma deciden no asociarse entre ellos. Esto, por supuesto, es la manifestación de la individualidad. Cada una de las entidades en la creación tiene la elección de asociarse con quienes desea. Tenemos nuestros amigos cercanos, aquellos con los que socializamos más frecuentemente o en los que confiamos. Ése es el propósito de nuestra personalidad y deseo individual. No conozco a nadie que odie o a quien le desagrade intensamente otra entidad en mi lado; hay mucho amor y armonía aquí.

La razón principal de que exista amor y armonía es la falta de ego. No hay comparación con el Otro Lado. Todos trabajamos juntos para el bien común. El orgullo y los celos no existen. Esto se debe a la conciencia y al recuerdo total del conocimiento que cada uno de nosotros retiene en su superconciencia. Todos sabemos el propósito y la razón de la existencia: amar y conocer a Dios.

Nunca encontrarás a estas entidades peleando unas con otras, sea verbal o físicamente. Si existe un debate acerca de un asunto en particular y alguien se enoja, todas las entidades alrededor inmediatamente notan ese enojo gracias a la emanación de la energía del aura de esa entidad. Entonces se apresuran hacia ella para tranquilizarla y regresarla inmediatamente a la conciencia y a la razón. Esto es lo que hace tan maravilloso al Otro Lado —todos nos ayudamos para volvernos más positivos y amorosos, y con un ambiente libre de negatividad, es muy fácil hacerlo.

¿Hay actividades sociales en el Otro Lado?

Contamos con numerosas actividades sociales en el Otro Lado para satisfacer a cada una de las entidades. Hay baile y música en grandes salones de baile y auditorios; conferencias y debates acerca de prácticamente todos los temas; espectáculos y galerías de cada tipo de arte que alguna vez haya sido creado; muestras científicas y exposiciones, acontecimientos deportivos y regatas, justas y exhibiciones de otros planetas, exhibiciones de diseño y moda, y la lista sigue. Depende de la entidad que sólo sea espectadora o participe en ellos.

Además de los magnos eventos, se llevan a cabo muchas actividades más sencillas, como escuchar música de cámara, ir a bailar, visitar un spa o un lugar vacacional y disfrutar actividades al aire libre, como tiro con arco o montar a caballo. Hay muchos lugares para pescar (atrapar y liberar, por supuesto), nadar, navegar, caminar, escalar, o para hacer lo que queramos. No hay cacería, y aunque nada puede destruirse en el Otro Lado, no quisiéramos que alguien lo intentara.

Aquí hay muchas actividades atléticas. Muchos son deportes en los que no se hace contacto, porque nadie siente la necesidad de agredir. Deportes como el jai-alai, el balonmano y el tenis son muy populares; así como la navegación, la natación y el buceo; también canotaje, remo, caminata, equitación, gimnasia, actividades de pista y de campo, boliche, golf y esquí

(¡la nieve no se derrite ni siquiera a 22°C!) En el Otro Lado se practica casi cualquier deporte imaginable en el que no se haga contacto.

Otras actividades sociales incluyen pasatiempos como cocinar. Aunque la comida tiene muy poco sabor y no es necesaria para nuestra existencia, a los chefs *gourmet* les gusta cocinar y participan periódicamente en exhibiciones; así como los artesanos, artistas y demás.

Las entidades individuales o las parejas están dando constantemente fiestas para sus amigos. Ésas son ocasiones en las que podemos permitir un poco de comida y bebida, no necesariamente por el sabor, sino para lograr una atmósfera social.

Cuando llegamos a casa en el Otro Lado, nos encontramos muy presionados para no engancharnos en alguna actividad social. Aunque no necesitamos participar, la mayoría lo hace. Yo soy lo que podría llamarse una chica fiestera. Me encantan las fiestas y los bailes, y voy regularmente cuando soy invitada. Sylvia siempre bromea con que cuando no estoy cerca de ella es que estoy en otra fiesta. Me encantan, como a muchas entidades.

¿Qué puede hacer alguien por toda la eternidad?

Trabajamos, socializamos, aprendemos y disfrutamos nuestra existencia. Es interesante precisar aquí que todos tenemos 30 años en el Otro Lado. Ésta es la edad perfecta porque nos da una buena combinación de madurez y juventud. Sólo los ancianos toman la apariencia de viejos para proteger su sabiduría y aprendizaje.

Ninguno de nosotros en el Otro Lado considera larga la eternidad o extensa, porque el tiempo en realidad no existe para nosotros. De todas formas, estamos demasiado ocupados para pensar en ese tipo de cosas. Todos estamos bendecidos y contentos, y consideramos como una absoluta y alegre bendición que podamos existir de esta manera y continuar aprendiendo con nuestro Creador en un escenario paradisiaco.

¿Tenemos casas en el Otro Lado?

Aquellos que eligen hacerlo, pueden tener una casa en el Otro Lado. Las entidades que tienen almas gemelas (una forma de matrimonio) viven en casas individuales. Muchas otras viven en lo que parecen dormitorios, estructuras similares a los departamentos con habitaciones sencillas, o en lugares más grandes en donde pueden vivir en grupos. Debido a que no necesitamos dormir, preferimos este tipo de vivienda para incrementar el intercambio social.

Las casas en las que viven las entidades individuales pueden ser de cualquier diseño y estilo de arquitectura. Entre los más populares están:

tudor, georgiano y grecorromano, así como los diseños contemporáneos. Muchas casas están decoradas de manera elaborada, mientras que otras son más rústicas y sencillas. Otras tienen multitud de ventanas de vidrio y puertas, en tanto que otras están completamente abiertas. Cada casa es distinta porque sus habitantes usualmente las diseñan para que cumplan con sus deseos y especificaciones.

La construcción de edificios en el Otro Lado es manejada de dos formas: algunos eligen la manera convencional, en que los carpinteros, ebanistas y artesanos —entidades que efectúan este trabajo por gusto— construyen la casa; el otro método no es posible en tu plano: las entidades de hecho construyen un edificio usando sólo la energía de su pensamiento. Digamos que quieren construir un nuevo foro. El lugar será seleccionado y muchos arquitectos señalarán los contornos del edificio usando sólo sus pensamientos e ideas. Si pudieras ver este proceso, observarías cómo se forman líneas en el aire, casi como si un arquitecto las estuviera dibujando en una mesa de diseño. Por casualidad, si no les gusta lo que ven, siempre pueden borrar las líneas energéticas y comenzar de nuevo.

Una vez que este proyecto está completado, se reúne un grupo de entidades para producir los materiales para el edificio —paredes, techos, ventanas, acabados— todo en madera o cualquier sustancia que se requiera. Esto se realiza mediante procesos de pensamientos concentrados que se transforman en materia real.

Esencialmente seguimos el mismo proceso para mantener nuestra apariencia. Si decidimos cambiar la forma en que nos vemos, sólo nos enfocamos en ello, y podemos cambiar instantáneamente; por ejemplo, de una rubia de ojos azules a una morena de ojos cafés. Hacemos esto de vez en cuando de acuerdo con nuestros deseos.

¿Existe el matrimonio en el Otro Lado?

Debido a que vivimos muchas vidas en el plano terrenal, podemos tener muchos esposos o esposas. Digamos que si una entidad vive 20 vidas, bien puede tener 20 diferentes cónyuges. En el Otro Lado, una entidad tiene un alma gemela, lo que es muy similar a estar casado, sólo que esta relación dura eternamente.

Cuando fuimos creados por la Divinidad, la mayor parte estábamos intrínsecamente completos. Digo la mayor parte, porque de hecho un alma gemela es la otra mitad creada de nosotros mismos. Si un individuo es creado como una entidad masculina, entonces se crea una entidad femenina como complemento o la otra mitad de este individuo, estableciendo, en dos entidades, la dualidad última de lo masculino y lo femenino. No todas las entidades son creadas para vivir la dualidad, algunas deben experimentar la individualidad, pero la gran mayoría tiene un alma gemela. Un alma gemela es una entidad que se une con otra cuando ambas han determinado que ha llegado el momento de tener una relación dual. Es, en esencia, un matrimonio para la eternidad.

Por lo general, las almas gemelas existen individualmente hasta que hayan completado su propio nivel de experiencia y evolución. Una vez que cumplieron su entrenamiento, se reúnen y existen en matrimonio como almas gemelas. Este límite puede tomar eternidades dependiendo de los individuos involucrados. Como dije antes, algunas entidades ya han pasado por este proceso de aprendizaje y ahora están juntas, mientras que otras aún están en etapas de evolución. Cuando el tiempo es el correcto, casi siempre se reúnen. Una entidad puede o no tener un alma gemela, dependiendo si es una creación individual o de si ha alcanzado el tiempo de su casamiento.

Las almas semejantes son aquellas que se aman muy profundamente. Muchos de nosotros tenemos numerosas almas semejantes, pero sólo un alma gemela. Por ejemplo, si tenemos una profunda y amorosa amistad con alguien en esta vida, es probable que seamos almas semejantes en el Otro Lado. Nuestros amigos cercanos y otros importantes en el Otro Lado son almas semejantes.

Puedes preguntarte si hay actividad sexual en el Otro Lado. Sí, hay una forma de relación sexual que llamamos *fusión*. La fusión es difícil de explicar porque puede ser sexual o no y no tienes nada parecido en tu plano. Es el acto en el cual el alma de uno de hecho se fusiona con, o se une al alma de otra entidad. En la fusión sexual, el proceso inicia como el acto sexual en tu plano, pero después los cuerpos coexisten juntos, completamente fusionados y fundidos.

La fusión sexual desemboca en el más intenso de los orgasmos, pero es difícil describirlo porque no puedes experimentarlo en el plano terrenal. Si puedes imaginar el orgasmo más intenso y placentero que hayas tenido, multiplícalo por cien y entonces te acercarás a lo que provoca la fusión sexual en mi lado. Si pudieras sostener un orgasmo que durara varias horas, éste sería un buen indicador de la duración de un orgasmo en el Otro Lado.

La fusión sexual es aceptable y pueden practicarla todas las entidades. Debes entender que no hay juicio moral para este acto entre entidades que no son almas gemelas porque se lleva a cabo en el más puro intento, el amor. La moralidad en el Otro Lado no existe, simplemente porque no existe la negatividad. No hay moral pobre porque todas las entidades son amorosas, no tienen egos y nunca dañarían a otra entidad de forma alguna. Esto puede conmocionar a aquellos que viven en los más altos y morales estándares religiosos, pero su modo de vida en la Tierra está rodeado de negatividad; en el Otro Lado, todo es amoroso, pacífico y completamente bendecido en cualquier forma. No tenemos asuntos morales simplemente porque no hay necesidad de ello.

La fusión no sexual, por otra parte, es el acto en el cual el alma de una entidad en mi plano entra en otra y experimenta la esencia total de esa persona: mente, cuerpo y alma. Es muy intensa y placentera. Este proceso no es sexual en ninguna forma, ocurre a nivel cerebral, creando un estado mental que es indescriptible. Podríamos decir que todos los que habitan el Otro Lado han participado, en un momento u otro, en la fusión no sexual.

Las almas gemelas se reúnen en la forma tradicional. La entidad masculina propondrá una unión con la entidad femenina. Si ella acepta y ambos están en el nivel de evolución deseado, entonces van al Consejo y piden su bendición. Una vez que esto está hecho, la pareja es santificada y empiezan su vida como almas gemelas en mi plano. Elegir un alma gemela siempre se origina en la entidad masculina. Aunque esto pueda sonar sexista, es una tradición que mantenemos. La entidad femenina tiene el derecho de rechazar o aplazar la oferta en todos los casos. A veces, más de una entidad masculina puede pedirle a una entidad femenina que sea su alma gemela. Esta circunstancia es muy rara, sin embargo, nunca lleva hacia violencia alguna o a malos sentimientos, mientras la entidad femenina acepte a quien ella desee.

Las almas gemelas generalmente eligen vivir juntos en una casa. Esto no disminuye, no obstante, sus previas costumbres sociales, actividades o amistades. Muchas almas gemelas viven muy felices haciendo cosas juntas, mientras que otras pueden perseguir sus propios intereses de forma individual por un tiempo. Ambas formas son aceptables.

¿Podemos ver a Dios o a Jesús en el Otro Lado?

Dios está siempre a nuestro lado, pero no en forma corporal. La presencia de nuestro Padre y de nuestra Madre es tan poderosa que emana de cada uno de los poros de nuestro cuerpo y de cada célula de nuestro ser. Nuestros Padre y Madre constantemente se comunican en el Otro Lado por medio de la sugestión mental y del amor. La energía del amor de Dios es una verdadera manifestación en nuestro lado y está presente constantemente. No hay un momento de la existencia en el que no sintamos la presencia de Dios.

Todos los días somos bañados por la energía del amor de Dios y de la sugestión mental, y hay un método que podemos usar para hablar o comunicarnos con Dios. Cada cuadrante tiene un área designada en donde una entidad puede ir y hablar directamente, y ser confrontada con una porción de la energía y la presencia de Dios, adecuada para la comunicación directa. Este método se llama *ir detrás del séptimo nivel* y es, en esencia, la energía de todas las entidades que han elegido ir al séptimo nivel.

Debido a que somos una porción de la energía de Dios y contenemos pequeñas partículas de su conocimiento, muchas entidades que han elegido ir al séptimo nivel obtienen una gran cantidad de conocimiento divino. Todo lo concerniente a este conocimiento está combinado con la presencia concentrada de Dios.

Yo he ido detrás del séptimo nivel muchas veces y es una experiencia inolvidable. Cuando estoy ahí, me encuentro en un espacio de nubes brumosas que se arremolinan en torno a mí. La energía de Dios es suprema, y la fuerza de su presencia es abrumadora. Puedo ver y oír lo que parecen ser millones de rostros dentro de esa masa, y puedo comunicarme y recibir mensajes verbal o telepáticamente. Algunas entidades deciden no ir detrás del séptimo nivel simplemente porque la energía es tan poderosa que puede ser desconcertante —e incluso incómoda—. La emanación del poder de Dios es tan fuerte que algunas entidades no pueden manejarla muy bien. Los ancianos van continuamente para la comunicación directa con la Divinidad, pero la mayoría de las entidades lo evitan porque realmente no hay necesidad de ir.

Me han contado que ciertas entidades formadas en los niveles superiores se han comunicado con Dios en forma corporal. Esto es posible sólo para las entidades poderosas y especialmente creadas, como Jesús.

Jesús no existe en mi lado de forma corporal. Su poder y bondad son constantes, y es siempre un recordatorio de que el amor de Dios es perfecto. Siempre camina entre nosotros y frecuentemente habla con las entidades, interactuando con todo aquel que se le acerque. Debido a que puede dividirse a sí mismo en una cantidad infinita, se le encuentra en muchas ubicaciones todo el tiempo. Puede vérsele en discusiones serias y amorosas con un grupo de entidades en una fuente, paseando en una colina con una o dos entidades mientras hablan de filosofía, o riendo a carcajadas después de que alguien ha contado un chiste.

Jesús no es una persona insana o que sufre por algún motivo. Tiene un fantástico sentido del humor, le encanta pasar un buen rato en una fiesta o reunirse con otras entidades, aun así puede aconsejar o responder preguntas de cualquiera que lo necesite. Muchos de sus consejos se enfocan en la filosofía, o cómo elegir un tema para la encarnación. Pasa la mayor parte del tiempo dedicado a nosotros y personificando la materialización de la creación de Dios.

¿Cuál es el propósito de la negatividad?

El Otro Lado es el hogar eterno para todos nosotros, pero muchos eligen encarnar en el plano de la Tierra para experimentar la negatividad. En la medida en que la negatividad es un aspecto del conocimiento, encarnamos en un plano negativo para ganar este conocimiento, porque sin él no se completaría el campo de la sabiduría.

Es mucho más fácil ser positivo en un ambiente perfecto (tal como el Otro Lado) sin el agobio de la negatividad; sin embargo, muchos de nosotros probamos la fortaleza y temple de nuestra alma para obtener experiencia y conocimiento acerca del mal. Esta sabiduría es necesaria para lograr una perspectiva adecuada de nuestra verdadera realidad, el Otro Lado.

Por ejemplo, ¿cómo podemos apreciar realmente y conocer la alegría si no hemos experimentado pesar? ¿Cómo pueden relacionarse nuestras emociones con algo malo, triste o negativo si no lo hemos experimentado? Sin conocer el negro, nunca apreciaríamos (y probablemente daríamos por hecho) el blanco.

Una pregunta que me hacen frecuentemente es: "Si el mal existe, ¿no significa eso que una parte de Dios es mala?" La respuesta es un contundente ¡no! Ciertamente Dios tiene el conocimiento del mal y de la negatividad, pero eso no lo hace a él malo o negativo. En la actualidad, las creaciones de Dios crean y mantienen el mal. La humanidad crea el mal, no Dios.

Si las creaciones de Dios son interpretadas como *parte* de Dios, entonces algunos pueden sentir que una parte de Dios es negativa, pero la Divinidad simplemente tiene el *conocimiento* de la negatividad. La negatividad es un subproducto de las creaciones de Dios. Debido a que la negatividad es una parte del conocimiento y porque somos la parte de Dios que experimenta, experimentamos la negatividad y la perpetuamos para obtener sabiduría de ella.

Dios es todo amor y misericordia. Nosotros, como sus creaciones, elegimos soportar la negatividad para poder obtener más del conocimiento que contiene la Divinidad. Aun cuando experimentemos o creemos esta negatividad, recuerda que ésta existe sólo en el mundo físico, no en el Otro Lado. Si esto te parece confuso, ten en mente que sólo estamos sujetos a la negatividad mientras estemos encarnados en el plano negativo de la irrealidad, por un periodo de tiempo que no es comparable con la eternidad.

Tal vez la siguiente analogía sea útil. Imagina que creas una hermosa obra de arte. Cuando esté terminada, ¿qué haces con ella? ¿La expones orgullosamente? ¿La vendes? ¿Se la das a un amigo? Digamos, por ejemplo, que se la das a un amigo. Una vez que recibe tu obra de arte, tu amigo es responsable de lo que hace con ella. Puede exhibirla orgullosamente, guardarla en el ático, venderla o simplemente tirarla. Todas estas acciones son aceptables para Dios, pero sólo tú puedes determinar cuáles de estas elecciones son buenas o malas.

Dios ha dado a sus creaciones (la humanidad) el libre albedrío para elegir todas sus acciones. Como resultado, somos responsables de nosotros mismos, de nuestros actos y de nuestras formas de obtener conocimiento. Dios nos ha creado y nos ha permitido evolucionar solos. No interfiere con nuestro proceso de aprendizaje, pero constantemente ofrece su amor y apoyo.

Aun así, Dios ha impuesto una regla para toda la creación. No permitirá que ninguna de sus energías se pierda. Todo lo que él ha creado es intrínsecamente bueno, pero si una entidad evoluciona hacia algo malo o negativo, será absorbida por él cuando finalmente haya alcanzado su evolución final. Sólo Dios sabe cuándo. Nosotros sentimos que no hay fin para la evolución; es eterna.

Para resumir, elegimos experimentar la parte del conocimiento de Dios que es la negatividad, así lo conocemos más. Dios es todo amor y misericordia, y nos permite a todos evolucionar solos sin su interferencia. La humanidad creó la negatividad en su propio proceso de evolución. La verdadera realidad está en el Otro Lado —una dimensión positiva en la que la negatividad no existe—.

¿Cómo elegimos nuestras encarnaciones?

Antes de elegir encarnar en el plano terrenal, la entidad debe pasar un largo proceso de orientación, debido a que existen muchas diferencias entre las dimensiones positiva y negativa. Sin orientación, la entidad estaría totalmente confundida y no sería capaz de adaptarse.

De la misma forma, se pasa por un proceso de orientación cuando se regresa de una encarnación —por la misma razón anteriormente descrita— y también para superar cualquier trauma que se haya sufrido estando en el plano negativo. Esto se lleva a cabo en lo que llamamos Centros de Orientación.

Los Centros de Orientación se implementaron debido al trauma que se genera cuando una entidad cambia entre los planos positivo y negativo. El cambio es demasiado intenso para que una entidad lo maneje; sería comparable a viajar de un lugar muy caliente, de clima tropical, hacia el Polo Norte ¡sin llevar ropa! Las entidades en el Otro Lado no están sujetas a la negatividad y viven sin ella. Pero cuando encarnan y de repente cambian al plano negativo, el trauma resultante aflige su alma. Sin el proceso de orientación, este trauma sería imposible de resistir para ellos.

En menor grado, aunque vital, es el procedimiento para regresar desde el plano negativo al Otro Lado. Las entidades que experimentan una muerte traumática con frecuencia necesitan orientación para darse cuenta de su muerte y prepararse para su nuevo plano de existencia. Su vida física se revisará en un Centro de Orientación para determinar si alcanzaron sus metas, lo exitosos que fueron, las formas en que podrían mejorar o cualquier error que pudieran haber cometido. Este proceso da a la entidad una idea completa de la experiencia y sus logros durante sus recientes encarnaciones.

Cada cuadrante tiene un Centro de Orientación. Estos centros son más grandes en algunos cuadrantes que en otros, debido a la densidad de población. Todos están ampliamente equipados para manejar cualquier entidad que se vaya o que venga del plano terrenal.

Mucha gente ve la muerte, o el cruce, como un trauma. En el Otro Lado, la verdad es lo opuesto

—encarnar en el plano terrenal es el trauma real—. Para prepararse, cada entidad ingresa en su propio Centro de Orientación en el cuadrante en donde encarnará.

Cuando una entidad decide encarnar en el plano terrenal, inmediatamente busca la ayuda y asistencia de consejeros en el Centro de Orientación. Aquí, revisan lo que quiere lograr. Dependiendo de sus necesidades y deseos, la entidad elige a sus padres, lugar de nacimiento, etnia o grupo racial, antecedentes familiares, clase o estilo de vida, forma corporal, apariencia, asuntos de salud, ambiente y las condiciones para tener experiencias positivas y negativas. La entidad y los consejeros —expertos en encarnaciones y en las necesidades de las entidades— examinan exhaustivamente todos estos factores.

En ocasiones, un consejero intentará disuadir a una entidad de elegir una encarnación si siente que no podrá manejarla. La mayor parte del tiempo, sin embargo, los consejeros ayudan a la entidad a elegir aquello que va con su tema (tal como una carrera en la universidad), para que pueda evolucionar a su propio ritmo en su campo elegido de conocimiento. Los consejeros generalmente son entidades de quinto o sexto nivel, quienes conocen el plano terrenal y lo que tiene que ofrecer. Cuando no estoy asistiendo a Sylvia, ayudo a víctimas de guerra en el Centro de

Orientación en el cuadrante de mi hogar. También ayudo a muchos niños pequeños a lo largo del proceso de orientación.

La entidad siempre puede elegir sus encarnaciones y el ambiente que la rodea. Mucho de su libre albedrío es implementado mientras está en el Otro Lado. En el plano terrenal puede creer que actúa bajo el libre albedrío, pero de hecho se sigue el propio conocimiento y dirección subconscientes. Debido a que se ha elegido previamente lo que se quiere vivir en el plano de la Tierra, la encarnación es, a final de cuentas, un asunto de implementación de estas elecciones.

Una entidad no tiene conocimiento consciente de estos elementos y sucesos predeterminados. Cuando se atraviesan tiempos especialmente difíciles, lo último en lo que se piensa es en el hecho de que se *eligió* pasar por ellos. Todo lo que se experimenta en la vida es directamente atribuible a las elecciones que se han hecho antes de encarnar, sean buenas o malas. Algunos pueden sentir consuelo al pensarlo; otros no.

Es difícil para un padre darse cuenta de esto cuando ha perdido un hijo, aunque hubiera elegido pasar esa experiencia en particular. Aquellas entidades que sienten tremenda culpa por una acción, deben percatarse de que a menos que fuera hecha con intención maliciosa, no puede haber culpa, y que son ellas mismas las que eligieron pasar por ella.

Debido al proceso de orientación, casi todas las entidades hacen una ligera transición de un plano a otro. Hay muy pocos *terrícolas* —entidades que no hacen la transición del plano terrenal al Otro Lado—. Viven en una especie de limbo entre ambas dimensiones y muchas veces se les llama fantasmas.

Cuando el alma de una entidad entra en un nuevo feto, y siente que no es el momento o la circunstancia adecuada, puede salir antes y regresar al Otro Lado. Ésta es una de las principales razones de los abortos y los síndromes de muerte infantil, como el Síndrome de Muerte Súbita del Lactante (SMSL). Esto no aplica, sin embargo, al suicidio.

La única acción que no está trazada es el suicidio. Si una entidad acaba con su propia vida, debe regresar a otra vida inmediatamente. Más aun, debe regresar y experimentar las mismas circunstancias otra vez. Debe terminar su propio plan espiritual antes de que pueda llegar a casa. No hay salidas fáciles.

Los Centros de Orientación en el Otro Lado son muy eficientes. Cada uno provee consejeros que se especializan en ciertos tipos de muerte: cáncer, suicidio, trauma, muertes relacionadas con la guerra, muerte de infantes y más. Además, las áreas de orientación para las entidades que tienen ciertas creencias preconcebidas acerca de lo que sucede después de la muerte están aparte. Esto asegura que un ateo profeso o que una persona con antecedentes religiosos tradicionalistas no se va a confundir cuando confronte la realidad de la muerte en el Otro Lado.

Francine, por favor, háblanos acerca de tu vida en el Otro Lado.

La mayor parte de mi tiempo está dedicado a guiar a Sylvia y a observar a sus seres queridos. También paso mucho tiempo comunicándome con ustedes a través del cuerpo de Sylvia en la sesión del trance. Como la mayoría de los seres que habitan el otro lado, paso el resto de mi tiempo yendo a conferencias, conciertos, fiestas y reuniones sociales con amigos.

Comparado con el estilo de vida normal en el Otro Lado, puede ser algo limitante ser el control de una médium como Sylvia, pero su espectro en el plano terrenal parece mucho más largo que en el Otro Lado.

Socializo con mis amigos tanto como puedo y frecuentemente consulto con Raheim (el otro guía espiritual de Sylvia), los ancianos y Jesús acerca de la vida de Sylvia y su misión. Mantengo contacto con los últimos descubrimientos de la ciencia y las artes, especialmente con aquellos que tienen que ver con el plano terrenal. Necesito hacer esto para contestar preguntas y lidiar con los problemas que enfrentan entidades que ahora están encarnadas.

Cuando termine mi trabajo como guía de Sylvia, regresaré a mi estilo normal de vida. Seguiré trabajando en el Centro de Orientación, debido a que es una de mis funciones principales en el Otro Lado.

He elegido evolucionar y perfeccionar mi alma desde el Otro Lado, en vez de encarnar muchas veces. Es de alguna forma un proceso de evolución más lento, pero tengo una eternidad para completarlo. No me gusta encarnar (como a la mayoría de las entidades que conozco); por lo tanto, tengo que trabajar y aprender acerca de la negatividad, asociándome con ella —por ejemplo—, siendo la guía espiritual de Sylvia, y tomar alguna forma humanizada para relacionarme mejor con aquellos a quienes sirvo.

Para concluir...

La información que he dado acerca del Otro Lado tiene un propósito. Es parte de mi función como guía para la médium Sylvia Browne. Se me ha encomendado la responsabilidad de comunicar la verdad a tu plano y ayudar a tantos de ustedes como pueda —con el conocimiento de que hay un propósito para tu existencia, y que Dios te ama, te cuida y te creó como parte de sí mismo.

Muchos de ustedes aceptarán esta información, llévenla al corazón y úsenla. Son afortunados, conocen la verdad cuando la ven, la aceptan y usan para ustedes mismos y para otros. Obtienen conocimiento que les ayudará a sobrevivir su terreno de negatividad y pueden entender su propósito. No hacen nada sino ganar espiritualidad para su propio nivel de evolución, son los únicos que deben compartir la responsabilidad de dar este conocimiento a otros que no lo tienen. Harán esto porque son las entidades más evolucionadas, más amorosas y más representativas de la imagen de Dios. Harán esto porque es la verdad.

Para los que no creen absolutamente nada de la información presentada en estos capítulos, les digo que traten de mantener una mente abierta. Aun si no pueden aceptar la mayor parte, recurran a la lógica más que a los sistemas de creencias que han programado y que han obstaculizado su búsqueda de la verdad. No digo esto para convertirlos, sino para hacerlo más fácil para ustedes. Tengo una ventaja sobre ustedes: *sé* que es verdad. Sé que la confrontarán y que no serán capaces de refutarla cuando llegue el tiempo de hacer la transición al Otro Lado. Sabrán entonces que es verdad, y tal vez, de alguna forma, estarán tristes por no haberlo aceptado mientras estaban encarnados. No te desanimes —todos evolucionamos de acuerdo con el plan que el Dios interno ha elegido—.

❧ Parte III ❧

REENCARNACIÓN

Los comienzos

L a creencia en la reencarnación es tan antigua como los orígenes de la humanidad, dado que el concepto de renacimiento es tan evidente y prominente en la naturaleza. El sol "renace" todos los días después de "morir" en la puesta de sol. Las estaciones van y vienen, pero siempre regresan al principio de su ciclo. La naturaleza es una gran maestra que incita a la gente primitiva a emularla e incorporarla en sus muchas creencias y rituales.

Así como los humanos evolucionaron y sus procesos de pensamiento se volvieron más complejos, también lo hicieron sus creencias en la reencarnación. Reencarnación significa algo totalmente diferente para un hindú, para un musulmán o para un cristiano. La filosofía de la reencarnación para los budistas y los seguidores de Confucio varía desde el punto de vista dogmático. La cultura, la religión, los rituales y las tradiciones influyen en el concepto entero de reencarnación.

Si alguna vez has investigado acerca de la reencarnación, probablemente te habrás dado cuenta de que la mayoría de las diferencias en las creencias son mínimas —con unas cuantas excepciones, por supuesto—. Las premisas básicas son similares en casi todas las culturas, y uno de los conceptos comunes parece ser éste: más de dos tercios de la gente en este mundo cree en la reencarnación de una forma u otra.

¿Por qué la mayoría de la población del mundo cree en la reencarnación? ¿Es por la religión, la cultura o la tradición? ¿Surge de las creencias innatas de los seres humanos primitivos? ¿Qué hay en los seres humanos que los hace creer en la reencarnación?

Yo (Francine) creo que la respuesta es: *la verdad*. Cuando lean esta sección, creo que muchos verán la lógica detrás de ello. He tratado de simplificar y explicar completamente, en secuencia lógica, el concepto de reencarnación. En muchas áreas mis puntos de vista pueden estar en conflicto con el dogma del sujeto, pero creo que el siguiente material no es sólo la explicación más comprensible de las muchas facetas de la reencarnación, sino también la más verdadera interpretación de la vida hoy.

El propósito de la reencarnación

En términos simples, el propósito de la reencarnación es perfeccionar el alma al obtener experiencia en un ambiente físico. La Tierra es uno de los lugares para lograrlo. Sabes que se necesita aire para respirar, alimento para comer y refugio para protegerse del rigor de la naturaleza. Sabes que compartes este mundo con billones de otras formas de vida que te ayudan a sobrevivir. Sabes que el mundo consiste básicamente en tierra y agua, usadas también para la supervivencia. Finalmente, sabes que todos los humanos experimentan situaciones positivas y negativas de vida.

El mundo físico es un lugar de aprendizaje para tu alma. Sólo ahí puedes experimentar eventos negativos y trauma. Sólo ahí tu alma puede probar su fortaleza al enfrentar cara a cara la dificultad. Sólo ahí puedes sentirte solo, temeroso y abandonado. Pero en realidad, Dios siempre está presente contigo, como lo explican las siguientes páginas.

¿Por qué necesitamos encarnar?

Encarnar es una ley natural de progreso. En otras palabras, nos hacemos conscientes de que ha llegado el tiempo de "ir a la escuela". Debido a que el Otro Lado es un ambiente perfecto sin negatividad, fue creado un plano físico para que pudiéramos experimentar y aprender acerca de las fuerzas negativas.

Con toda honestidad, algunas almas nunca encarnan. En consecuencia, su escala hacia la perfección es lenta y tediosa porque no pueden perfeccionarse en un ambiente en el que no hay defectos. Les lleva mucho más tiempo porque no pueden experimentar la negatividad, sólo pueden observarla. Sus almas no han sido probadas por la negatividad.

Por otra parte, hay unas cuantas almas que reencarnan cada siglo, porque realmente desean obtener el mayor grado de conocimiento a partir de la experiencia. Hay algunas otras entidades —raras excepciones— que eligen no permanecer nunca en el Otro Lado. Están constantemente girando en torno a las vidas. Nosotros, los que hemos evolucionado, encontramos esto muy deprimente.

¿Nos marcamos una meta para la perfección?

Sí, más específicamente, cada entidad escoge un tema principal para perfeccionarse, junto con dos o tres subtemas adicionales. Esto sería comparable a estudiar una carrera y algunas materias en la universidad. Nosotros nos especializamos en un campo específico que tiene ramas en otras áreas relacionadas; somos lo que podríamos llamar especialistas, porque todos somos individuos, pero experimentamos diferentes aspectos de la vida y de la negatividad. Esto, por supuesto, es verdad aun en el Otro Lado, mientras cada uno seleccionamos nuestro nivel de conocimiento y perfección.

Llevamos un tema principal a lo largo de todas nuestras encarnaciones, aun en medio de las diferentes variaciones, entornos y situaciones, lo cual, naturalmente, tiene una tremenda repercusión en nuestras personalidades, a través de todas nuestras vidas aquí y en el Otro Lado.

Cuando escogemos un tema, también seleccionamos la cantidad de conocimiento que deseamos tener acerca de él. Por ejemplo, hay estudiantes que quieren obtener un doctorado, mientras que otros estarán satisfechos con el certificado de preparatoria. Al elegir un tema, decidimos si queremos experimentar sólo parte de él o tanto como sea humanamente posible.

Los temas pueden definirse como un punto de referencia de la experiencia, o un marco mental que influye en todas las experiencias. Hay 45 temas entre los que puede elegirse (ver las páginas 104-114 en *Soul's Perfection* para la lista completa). Con frecuencia me han preguntado: "¿Por qué 45?" El número no importa tanto como el cumplimiento total de la experiencia. Desde el principio de la reencarnación, hemos encarnado en estos temas seleccionados, y no se han añadidos más o no se han necesitado.

En todos los casos, las encarnaciones se han escogido con el único propósito de lograr una meta, casi siempre para obtener conocimiento. Algunos de nosotros podemos elegir vivir determinada vida para ayudar a otra persona en su perfeccionamiento, mientras que otros pueden hacerlo por un lazo kármico o una deuda. En cada caso, siempre se aprende algo que, a su tiempo, evoluciona el alma.

Cuando encarnamos para perfeccionarnos, ¿quién juzga nuestro grado de evolución?

Tú. Tú eres el único que sabe qué es lo que más necesitas aprender. Cuando estás en mi lado, estás mucho más consciente de tus cualidades positivas así como de tus limitaciones. Un genio en tu plano puede usar 10% de su capacidad mental, pero en el Otro Lado usa 90%. Se completa la conciencia de dónde se ha estado y hacia dónde se va, y no está uno confundido o inconsciente. El conocimiento es vasto porque se pueden recordar no sólo las encarnaciones pasadas, sino también todos los conocimientos que se han obtenido mientras se trabajaba y vivía en el Otro Lado.

Este conocimiento está totalmente integrado en el subconsciente mientras se está en el plano terrenal, y eso aparece completamente cuando se llega al Otro Lado. Aquí tienes comprensión total de qué tanto ha progresado tu alma hacia el nivel de perfección que has escogido. Nadie está mirando sobre tu hombro. Eres responsable de tu propio proceso de aprendizaje, eres responsable de lograr el nivel de perfección elegido. Si una entidad escoge un nivel de perfección similar al de otra, no significa que ambos necesariamente hayan escogido el mismo camino para lograrlo. Se pueden seleccionar muchas vidas para lograr cosas que otros pueden lograr en sólo unas pocas vidas. Es tu elección, y no importa cómo lo logres o cuánto tiempo te tome.

Cada uno tiene una parte de Dios dentro de sí; por lo tanto, cuando te juzgas a ti mismo, es esencialmente Dios quien se está juzgando a sí mismo. El proceso de juicio no media entre lo bueno y lo malo, como muchas religiones nos han enseñado. Es más una evaluación de qué tanto has progresado. No hay nadie como San Pedro o alguien más que vaya a condenarte por tus acciones. Si vives una vida que no es particularmente exitosa, tú y sólo tú tomarás la decisión de vivir otra o ver si puedes hacerlo mejor. Parte de la razón por la que la reencarnación existe es darte tantas oportunidades como necesites para aprender una lección difícil. El concepto completo de perfección nunca termina; sigues aprendiendo aun después de que dejes de encarnar.

¿Todos evolucionan hacia un estado perfecto?

Todos los que hemos escogido perfeccionarnos y experimentar a Dios alcanzaremos nuestro nivel elegido de perfección. A algunos nos puede llevar más tiempo que a otros, pero todos lo haremos. No existe alguien que no alcance su nivel elegido.

Si es el caso, entonces ¿por qué algunas personas parecen tan poco evolucionadas?

No podemos juzgar el alma de una persona, aunque tengamos acceso a los archivos en mi lado, de tal forma que podríamos evaluar más completamente el progreso particular de una entidad. Muchas veces cometemos el error de juzgar la conducta de una persona y decimos que no ha evolucionado. La conducta sola no es un criterio exacto para evaluar. Muchos escogemos vidas en donde nos convertimos en peones para la búsqueda de la perfección de otros. Encarnamos para crear cierta situación o entorno para alguien más. En el plano terrenal, cada víctima debe tener un victimario, cada seguidor un líder, y cada bueno debe tener un malo.

¿Alguna vez termina la reencarnación?

Debes darte cuenta de que todos estamos aquí para ayudarnos unos a otros. Todos queremos terminar la reencarnación para que no tengamos que vivir con negatividad, aun si es sólo por una fracción de la eternidad. Sin embargo, terminará cuando se adquiera la cantidad de conocimiento y perfección que requiere cada uno. Cuando todos hayamos sido suficientemente expuestos y hayamos aprendido de las fuerzas negativas, la reencarnación cesará. Si ayudamos a otros a adquirir la perfección, terminará más rápido.

De acuerdo con los registros de mi lado, y si todo progresa como debe, la reencarnación en la Tierra deberá terminar en el año 2100. Esto no significa que la reencarnación no pueda existir en otros planetas, porque hay billones de ellos que han tenido o tienen capacidad para la reencarnación. Cuando todos los planetas hayan evolucionado al punto en donde la reencarnación ya no sea necesaria, entonces terminará.

¿Por qué olvidamos las vidas pasadas?

Cuando encarnamos, perdemos toda conciencia de memoria de dónde venimos, qué nos gusta y qué hemos hecho. El conocimiento consciente de nuestro pasado podría desviarnos de nuestro actual camino, o incluso retrasar nuestra evolución. Las palabras no pueden definir la belleza, la paz y la felicidad que existen en mi lado: están más allá de la descripción. Si tuviéramos ese conocimiento conscientemente y supiéramos que tuvimos que escoger entre vivir en un paraíso de belleza o en un tugurio de negatividad, ¡la mayoría estaría brincando desde los puentes para regresar a casa!

Hay, sin embargo, varias entidades en el lado de la Tierra que recuerdan fragmentos de su pasado. Esto es como una especie de página visual del subconsciente, en la que están enterrados la memoria del pasado y el Otro Lado. Algunos podríamos "saber" o sospechar que hemos vivido antes en otra vida, probablemente en otro país, tiempo u otra situación racial o étnica. Podríamos ver viñetas de vidas pasadas en nuestros sueños o tener experiencias *déjà vu* (lo ya visto) cuando visitamos ciertos lugares. Debido a que la mente subconsciente tiene tanto conocimiento, hay saltos limitados de tiempo en tiempo. Muchos, sin embargo, no los reconocemos.

Hay varias entidades evolucionadas en el estado encarnado que recuerdan vidas pasadas y por ello están listas para aceptar el Otro Lado. La mayoría no recuerda y verdaderamente no se supone que lo haga. Escogemos una vida para aprender y perfeccionarnos —para tomar una tarea más dura y evolucionar más rápidamente— y elegimos no tener completa memoria para así aprender las lecciones de forma difícil. Hemos encontrado que estas lecciones tienen un profundo significado e influencia en nuestra alma.

Esto no significa que el recuerdo de vidas pasadas y del Otro Lado sea negativo; de hecho, muchas veces puede beneficiar y ayudar a evolucionar más rápidamente. A pesar de lo que recordemos de nuestro subconsciente, hay un regulador interno que no nos permitirá el acceso total al Otro Lado. Si alguna persona tiene algún recuerdo del pasado, sólo le será posible ver un segmento muy pequeño.

¿Las vidas pasadas influyen en nuestra vida actual?

Definitivamente sí, aunque la mayoría no se dé cuenta. Las cosas que nos gustan y las que no nos gustan en esta vida están influenciadas por vidas pasadas. La personalidad ha sido profundamente afectada y construida sobre encarnaciones anteriores. Otras áreas en las que las vidas pasadas pueden influir tremendamente incluyen: salud física, apariencia, raza, credo, religión sistemas de valores, riqueza, hábitos, talentos estéticos o artísticos de cualquier clase, sexo, y podría seguir mencionando muchos más, pero pienso que se ha captado la idea general. Todo en la vida actual está influido por las vidas pasadas.

En muchos casos, la negatividad en el plano de la Tierra es perpetuada por la influencia de vidas pasadas. Fanatismo y odio racial son ejemplos básicos. Casi todos en un tiempo determinado han experimentado tales prejuicios, con alguna de ambas funciones, como víctima y victimario.

Echa un vistazo a tu vida y analízala como un ente encarnado. Puedes descubrir muchos de tus intereses, hábitos, gustos y disgustos que podrían ser resultado directo de una vida pasada. ¿Tienen los muebles de tu casa una decoración en particular? ¿Te gustan más ciertos alimentos que otros? ¿Tomas vacaciones en cierto lugar todo el tiempo? ¿Estás incómodo con cierto grupo étnico? Te sorprendería darte cuenta de cuánta influencia puede tener el pasado en la vida.

¿Hay algún beneficio real al recordar vidas pasadas?

En la mayoría de los casos podría decir que sí. El principal beneficio es de naturaleza terapéutica, pero desafortunadamente, gran parte de los terapeutas que ejercen hoy en día no incorporan la premisa de la reencarnación en su metodología. En consecuencia, saltan uno de los principales medios de sanación —para aliviar tanto problemas físicos como mentales— para los individuos: terapia de vidas pasadas.

La terapia de vidas pasadas, por medio de la regresión hipnótica, ha generado asombrosos resultados. Sylvia la ha utilizado muchas veces con consecuencias muy positivas (en una sesión en particular) con clientes que han estado en psicoanálisis o en tratamiento médico durante años.

La mayoría de las fobias que no tienen razón de ser, o cuyo origen no puede rastrearse hasta un incidente en la vida actual, generalmente son resultado de una experiencia en una vida pasada. De hecho, muchos incidentes traumáticos que una persona ha tenido en vidas pasadas pueden ser disparados por circunstancias similares en la vida actual. Muchas enfermedades, que los doctores llaman psicosomáticas, son frecuentemente traídas desde encarnaciones pasadas.

Por ejemplo, a cierta edad, un famoso actor empezó a experimentar un dolor agudo en la región del plexo solar. Después de ver a numerosos doctores, ninguno pudo encontrar la razón del dolor, así que consultó a un psíquico. El psíquico determinó que este actor había sido atravesado con una espada en esa área particular de su cuerpo en una vida pasada. Una vez descubierto esto, el actor ya no sintió más dolor. Éste es un ejemplo clave de cómo puede afectar una carga de una vida pasada.

Para desarrollar la recolección de vidas pasadas, se considera que la hipnosis es el método más seguro y más válido. La iglesia de Sylvia tiene muchos profesionales en hipnosis que hacen regresiones a vidas pasadas. Casi todos los que atraviesan vidas pasadas en regresiones, se sienten mejor física y mentalmente, pero si uno toma parte en este proceso, debe estar preparado para una liberación emocional. Algunas de las situaciones que se pueden resolver por este método son: enfermedades psicosomáticas, fobias, hábitos, desvíos del propósito de vida, preguntas acerca de los propios temas, problemas de relación, y muchos más. Los beneficios son muchos, aunque esto no es para todos.

¿Qué es transmigración?

La transmigración es la creencia de que, después de la muerte, el alma puede pasar hacia un tipo de cuerpo, desde la más baja forma de vida —como un insecto— hasta un criatura humana. Si viviste una vida mala, eres colocado en una baja forma de vida, dependiendo del grado de tu maldad. Si llevaste una buena vida, tu alma será colocada dentro de una forma elevada —humana—.

¿Encarnamos como animales u otra forma de vida?

No. Las especies permanecen puras. En el origen de la reencarnación se observan bajas formas de vida que evolucionan en su propia dimensión. Este desarrollo transcurre con base en el interés personal, el cuidado y la aplicación del conocimiento. Con fines de investigación, algunos incluso compartimos en vida la fuerza de plantas y animales (tal como hago cuando Sylvia entra en trance); sin embargo, nadie puede seguir compartiendo con las bajas formas de vida por tiempo prolongado, por lo que la práctica pronto se suspendió. Tal vez sea el conocimiento obtenido por compartir, que fluye desde la mente subconsciente, el que genere la filosofía entera de la transmigración.

En cualquier caso, todas las formas de vida permanecen con su verdadera especie. Los humanos encarnan sólo como seres humanos y no como otras formas de vida, como animales o plantas. Éstos tienen sus propias almas, por así decirlo, pero ellos no participan en la reencarnación. Cuando los animales mueren, cruzan hacia mi lado y viven en áreas designadas para ellos. Las plantas, como parte de la naturaleza, generalmente se duplican en el Otro Lado.

¿Qué es el karma?

Mi definición de karma es muy simple: experiencia. Karma es nada más la experiencia que se gana mientras se está encarnado. Desafortunadamente, mucha gente en el plano terrenal interpreta el karma como una retribución negativa para las malas acciones.

Las filosofías orientales ven el karma como un balance externo. Si vives una buena vida y haces buenas acciones, tu alma avanzará generando un buen karma. Si tus acciones son inmorales, producirán un mal karma o una deuda kármica, la cual obstaculizará el desarrollo del alma. En este contexto, la deuda kármica contribuye grandemente a la creencia de la trasmigración.

El karma, cuando es visto como una especie de castigo, puede ser muy duro e ilógico. Así correspondería al infierno del cristianismo, que es simplemente una táctica de temor, con el objetivo de controlar a los demás. El karma es en ocasiones tan estrictamente interpretado, que algunas personas prefieren no interferir en la vida de otras, sin importar las circunstancias. Esto puede llevarlos a tragedias que podrían haber sido fácilmente evitadas.

La verdadera interpretación de karma es simplemente: las experiencias en la vida. Eso no debería impedir ayudar a otros, ni provocar una deuda kármica, a excepción de muy raras circunstancias. La experiencia necesariamente existe para que el alma progrese y aprenda. El propósito completo de la reencarnación es enfrentar la negatividad, sobrevivirla y aprender de ella para que el alma pueda apreciar completamente y saber lo que significa ser bueno.

¿Alguna vez termina el karma?

Sí, ya que el karma no es más que experiencia, cuando todas las almas terminen su vida física, entonces todo el plano terrenal dejará de existir. No habrá necesidad de que la negatividad exista más porque ha sido completamente experimentada. Cuando la necesidad de la negatividad cesa, entonces los planos físicos de existencia terminarán porque no se necesitarán más.

¿Qué es la deuda kármica?

Es una forma de retribución. Cuando un alma daña a otra, tendrán que enfrentar la reciprocidad por dicha acción. Por ejemplo, si una entidad asesina a alguien, entonces ella, a cambio será asesinada, ya sea en la misma vida o en otra.

En realidad, muy pocas veces se incurre en deudas kármicas. Sucede de vez en cuando, pero casi son inexistentes. Seguramente te preguntas: "¿Qué pasa con todas las atrocidades cometidas en este mundo? ¿Las entidades que cometen estas ofensas tienen retribución de alguna forma?"

La respuesta es sí, pero la retribución no se suministra individualmente. En el tiempo de Dios, todas las entidades que perpetuaban el mal eran reabsorbidas por la Divinidad. Sin embargo, esos hacedores del mal son necesarios para que el resto de nosotros aprenda de sus acciones. En el corto espacio de la vida física, estas entidades son necesarias para probar la fuerza de nuestra alma.

Se incurre en una deuda kármica sólo en casos en los que una entidad maliciosamente intenta causar daño. Todos los días se cometen atrocidades, pero la mayoría de estos actos no son intencionales; son causados por pasión, creencia (política, religiosa y otras) o trastorno mental (por enfermedad, alcoholismo, abuso de drogas, etc.) Muy pocas entidades quieren herir maliciosamente a otra.

En el raro caso de una deuda kármica, la entidad perpetradora simplemente experimentará una acción similar hacia ella. El propósito de esta retribución no es castigar, sino ayudar a la entidad a aprender la repercusión completa de su acción para que no la repita.

¿Qué son los lazos kármicos?

El término *lazo kármico* se usa para expresar una conexión entre entidades que compartieron experiencias o situaciones pasadas —buenas o malas—. Pueden ser dos o incluso millones de personas las que tengan alguna conexión kármica. Los lazos kármicos se basan en diferentes cosas —amor, odio, antecedentes étnicos y religiosos, amistad y asuntos inconclusos—.

Muchos tenemos al menos un lazo kármico. ¿Alguna vez te has preguntado por qué tienes tal afinidad (o disgusto) hacia otra persona? Casi siempre es porque estás kármicamente enlazado con ella de alguna manera. Digamos que una entidad tiene un intenso rechazo por otra, aun así hay algo por lo que se sienten atraídos, a pesar de los desdenes. Si se consultaran los archivos Akásicos, se podría encontrar que estas entidades han vivido juntas en una encarnación previa, que desarrollaron una mala relación y que murieron antes de arreglar los problemas entre ellas. Por lo tanto, el rechazo actual fue causado por la paupérrima relación previa, pero la atracción fue el resultado de un asunto inconcluso.

¿Realmente hay alguna prueba de la reencarnación?

Me gustaría contestar esta pregunta con otra: ¿Realmente hay alguna prueba de que la reencarnación *no existe*? Esta cuestión genera mayor problema al escéptico que al creyente. La prueba es intangible. Cuando investigues y hagas la tarea acerca de la existencia de la reencarnación, encontrarás que hay muchas más "pruebas" *a favor* que *en contra*.

Si basas el caso en las leyes de probabilidad, entonces la existencia de la reencarnación triunfará porque más de las dos terceras partes del mundo cree en ella. Si basas tu argumento en documentos históricos, entonces encontrarás que hay muchas referencias acerca de la reencarnación, particularmente en la Biblia. Si basas tus descubrimientos en la lógica, entonces no hay competencia: la reencarnación es más lógica que cualquier punto de vista opuesto. Si confías estrictamente en la religión como tu base para llegar a una conclusión, entonces el argumento para la reencarnación vuelve a ganar, porque o se cree de corazón en ella, o al menos es tolerada por la vasta mayoría de la población mundial.

Cuando está sustentada en documentos históricos, la reencarnación tiene muchos más seguidores que opositores. Todos los escritos de las principales religiones mencionan la reencarnación. Ninguno, incluida la Biblia, ha establecido alguna vez que la reencarnación, o la creencia de que existe, sea falsa. La gran mayoría de autores famosos ha escrito acerca de la reencarnación; pocos no lo han hecho. Los rollos del Mar Muerto y los escritos de los esenios (una antigua secta gnóstica) han ocasionado que la cristiandad moderna tome nota para analizar nuevamente sus enseñanzas teológicas, ya que estaban a favor de la reencarnación. Los primeros textos acerca de la reencarnación fueron elaborados en China 2500 años antes de Cristo; aunque en Egipto 3500 años antes de Cristo ya se tenían referencias sobre el tema.

Grandes filósofos y escritores —como Sócrates, Aristóteles, Platón, Pitágoras, Lao-Tse, Chang-Tse y Plotino— creyeron en la reencarnación. Teólogos cristianos como san Agustín, san Clemente, Orígenes, Basílides, el apologista cristiano Tatiano, Valentino, Manes, san Jerónimo, Porfirio, san Pánfilo, Jámblico, Atenágoras y san Gregorio, son sólo algunos de los legionarios que creyeron en la reencarnación. Los pergaminos de Nag-Hammadi indican que Jesús era un esenio, un estudiante de los esenios o al menos tuvo una relación muy estrecha con esta secta (que creía en la reencarnación) durante los años perdidos o de silencio, cuando tenía entre 12 y 30 años. Toda esta evidencia apoya el argumento *en favor* de la reencarnación, más que *en contra*.

Si el caso se basa en la lógica, la existencia de la reencarnación prevalece. La reencarnación nos proporciona razones muy lógicas para las desigualdades de la vida. ¿Por qué una persona nace pobre y otra nace rica?, ¿por qué una persona muere joven y otra vive una larga vida?, ¿por qué una persona está lisiada y otra completa? Y así podríamos seguir con más preguntas. La existencia de la reencarnación ofrece una razón para estas injusticias porque presenta el caso de que hay más de una vida por vivir.

Si Dios es todo amor y todo misericordia (la ense-
ñanza básica de Jesucristo), entonces, ¿por qué existe
el mal? La negatividad no puede sobrevivir cuando
conoces la naturaleza amorosa y misericordiosa de
Dios. Él permite encarnar más de una vez para perfeccionar el alma. Entonces se puede experimentar una
vida en la cual se es rico, pobre, lisiado, completo,
joven o viejo. Lógicamente, la reencarnación no se
opone a las enseñanzas de Jesús, sino que las refuerza.
Dios no se preocupa por el tiempo que te lleve o
cuántas vidas debes vivir para perfeccionarte. Él sólo
quiere que logres la meta final: la perfección de tu
propia alma.

Si los argumentos en contra de la existencia de la
reencarnación están basados en la religión, entonces
los no creyentes no están bien informados. Todas las
religiones orientales apoyan la reencarnación y las religiones occidentales están cambiando rápidamente su
posición. En estos días, la mayoría de los cristianos o
creen en la reencarnación o la toleran, porque eso de
ninguna manera se contrapone a las enseñanzas de su
religión; de hecho, las amplía.

Si se investiga el origen de la Iglesia cristiana, se
encontrará que casi todas las referencias a la reencarnación en la *Biblia* fueron borradas alrededor del siglo
IV. Éste fue un acto humano, no de Dios. A pesar de
este intento por erradicar la creencia en la reencarnación, casi todos los cristianos gnósticos aún creen en
ella. Estas sectas, en un tiempo, fueron literalmente

aniquiladas por la ortodoxia. La historia de la Iglesia cristiana está llena de asesinatos, hechos sangrientos y tortura (la Santa Inquisición es el principal ejemplo). Los primeros cristianos, que creían en la reencarnación, eran mucho más amorosos y comprensivos que los guerreros gobernantes de la Iglesia de la Edad Media.

A pesar de los muchos argumentos que discuten su existencia, la reencarnación parece llevar la ventaja —la verdad siempre emerge al final—. Si los escépticos discuten contigo, pídeles que investiguen la reencarnación y traten de probar que ella no existe. Pueden investigar indefinidamente, pero no encontrarán ninguna evidencia real en su contra. No importará, porque en su investigación encontrarán volúmenes de validación abrumadora de que es, de hecho, *real*.

¿Encarnamos en el sexo opuesto?

Cada alma es creada de manera innata masculina o femenina. Todas tienen género. Cuando encarnan, generalmente manifiestan el mismo género sexual; sin embargo, escogen una o dos vidas en el sexo opuesto para ayudar a complementar la totalidad de la experiencia.

Muchas veces una reencarnación en el sexo opuesto puede crear confusión. Ésta es una de las causas principales de la homosexualidad. Imagina, si pudieras, que tuvieras la mente, las emociones y los pensamientos de una mujer, pero el cuerpo de un hombre. Esto podría ser un tanto traumático y estresante. Lo mismo es cierto en el caso opuesto: un hombre que encarna en el cuerpo de una mujer.

No todas las entidades que encarnan en el sexo opuesto se convierten necesariamente en homosexuales; sólo los que llevan vidas que pueden confundir su alma. Por ejemplo, una mujer de fuerza y ambición tremendas probablemente se sienta un hombre en el cuerpo de una mujer, o un hombre de naturaleza femenina podría muy bien ser una mujer en un cuerpo de hombre. Cada situación ha sido experimentada por la mayoría de nosotros, pero debido al estrés y la confusión que genera, casi siempre evitamos nuestra encarnación en el sexo opuesto.

¿Cuántas vidas vivimos?

No hay un número específico; la mayoría escogemos vivir entre 20 y 35 vidas. Sin embargo, una entidad puede alcanzar tranquilamente su nivel de perfección en unas cuantas vidas. Algunas entidades escogen vivir más de 35 vidas, comúnmente cuando llevan una misión especial de ayudar a otras entidades. No vivimos miles de vidas, como algunas filosofías orientales enseñan. El mayor número de encarnaciones del que alguna vez haya oído que una entidad ha vivido son 109, pero es realmente raro aproximarse a las 70 u 80 vidas.

Como dije antes, algunas entidades nunca encarnan, pero esto es muy raro. Todos encarnan una u otra vez. Las entidades que escogen vivir pocas vidas eligen retos muy grandes porque tienen que "empacar" todas sus experiencias en pocas encarnaciones. Esto no necesariamente significa que sean más evolucionadas; sólo han elegido cubrir sus temas más rápidamente.

El término *alma vieja* es poco común. Sólo debería usarse para una entidad que ha vivido más vidas que la mayoría. Nada tiene que ver con el tiempo en que una entidad fue creada, especialmente porque, de acuerdo con Dios, todas las entidades fueron creadas al mismo tiempo.

Sin importar el número de encarnaciones, el logro más significativo para nosotros es la evolución del alma. Podemos estar tan evolucionados como cualquier otro, sea que hayamos vivido 20 vidas u 80. No es el número de vidas que vivimos lo que importa; es lo que logramos en ellas.

$\mathscr{S}$ Parte IV $\mathscr{C}$

PLANEANDO
UNA ENCARNACIÓN

¿Qué clase de planeación se requiere antes de encarnar?

Todas las entidades se involucran en un cabal y efectivo procedimiento de planeación antes de encarnar. Ninguna encarnación es fácil, sobre todo porque se cruza un plano de existencia que va unido irremediablemente a la negatividad. En consecuencia, cada entidad debe someterse a un largo proceso para completar la investigación de su próxima encarnación.

Cuando una entidad decide encarnar, antes que nada debe presentarse ante el Consejo Principal. El Consejo consiste en almas conocedoras que actúan como un cuerpo de gobierno para el Otro Lado. La entidad indica lo que espera cumplir y cómo planea hacerlo; el Consejo en turno analiza este plan y señala cualquier cosa que fue pasada por alto. Al aprobarla, la entidad avanza hacia un centro predeterminado de orientación para recibir más consejos de los grandes maestros. Aquí realmente comienza la preparación —una prueba larga, tediosa, dura y rigurosa— porque la reencarnación debe revisarse repetidamente para cubrir todos los detalles y asegurarse de lograr la meta.

Es posible que las entidades individuales requieran que varios grandes maestros les ayuden a planear la encarnación, junto con el Centro de Orientación. Este proceso puede tomar años de programación, y en él la entidad escoge el vehículo con el cual encarnar y entrar a la siguiente vida, por medio de lo que se llama proceso de nacimiento.

Para ayudarte a entender totalmente el proceso completo, ahora explicaré con más detalles cada paso que una entidad toma antes de una encarnación.

Conocimiento del alma

Cada entidad posee un conocimiento innato que la impulsa a experimentar por su creador, Dios. Desde el principio de su individualidad, cada entidad sabe lo que quiere perfeccionar, su tema, el número aproximado de vidas que le tomará obtener su propio nivel de perfección.

Este conocimiento conduce a las entidades a encarnar; es casi como una pequeña campana que suena dentro de ellas y anuncia: "Es tiempo de encarnar". Cuando el alma recibe esta señal, inician los planes para una encarnación.

Una de las primeras cosas que hace una entidad es revisar la historia pasada, no sólo de sus encarnaciones anteriores, sino de su existencia entera desde el inicio de la creación. Esto le permite confirmar su progreso en la evolución del alma. Gran parte de esta evaluación se logra simplemente gracias a su propia memoria, ya que está completamente abierta cuando permanece en el Otro Lado. Utiliza otras ayudas, tales como máquinas que escudriñan para examinar los registros de sus pasadas encarnaciones y explorar la historia general de la Tierra y de otros planetas en donde prevalece la reencarnación.

En el principio de la creación, todas las entidades revisaban ampliamente el futuro de todos los planetas. Cuando la reencarnación se originó, las entidades analizaban las eras de estos planetas que pudieran contener un escenario adecuado para su tema en particular y para su perfección. En la Tierra, algunos de estos periodos incluyen: la era de Atlantis, la era de Neanderthal, las eras doradas de varias civilizaciones, el Oscurantismo, el Renacimiento y la era Atómica; cada una de las que pudieran ofrecer varios retos y oportunidades para perfeccionar el alma.

Casi todas las entidades eligen encarnar en tiempos turbulentos, en oposición a los tiempos calmados porque pueden perfeccionarse más rápidamente en un ambiente más negativo. Para empezar, se ubicarían en un gran número de foros e investigarían varios periodos de tiempo en una tabla masiva de información. Esta red de datos se detendría en cada época principal y resaltaría varias oportunidades para las encarnaciones, suministrando detalles de localizaciones geográficas, linaje, antecedentes étnicos y raciales, hechos políticos y económicos, vistas sociales y mucho más. Desde aquí, tomarían esta información y la evaluarían para sus propias necesidades; incluso sería posible que tuvieran que reencarnar varias veces en ese periodo.

Después de la revisión del pasado y la exploración de oportunidades, les toca ubicar su nivel presente, y exponer su plan al Consejo.

El Consejo

El Consejo es como un cuerpo de gobierno para el Otro Lado. Sus responsabilidades incluyen aprobar las solicitudes de entidades que desean encarnar. Ésta es una formalidad más amorosa y cuidadosa que se observa debido a la combinación de la sabiduría de los ancianos que presiden en el Consejo. Una entidad no necesariamente necesita aprobación para encarnar, unas cuantas lo han hecho sin ello. La mayoría de las entidades, sin embargo, busca la sabiduría del Consejo para que las ayude a planear su encarnación, porque el conocimiento de los ancianos es vasto, y están altamente involucrados. Es como el viejo refrán: "Dos cabezas son mejor que una". La experiencia y el conocimiento del Consejo, combinados con el conocimiento de la entidad, prometen una encarnación más exitosa.

El Consejo inspecciona detalladamente el plan entregado, y con frecuencia descubrirá áreas problemáticas que una entidad no consideró en su totalidad. También puede advertirle a la entidad acerca de trampas concebibles, áreas de preocupación, posibles fallas, eventos que pudieran cambiar en su totalidad la ejecución del plan y las complejidades de tener libre albedrío. Al dar estas sugerencias, el Consejo es muy generoso. Su sabiduría alienta a una entidad a revisar sus planes y considerar todas las contingencias.

Muchas veces, el Consejo le advertirá a una entidad acerca de una encarnación en particular, ya sea porque se trate de una vida demasiado horrenda o porque escape a sus capacidades. Puede proponer tomar dos o tres vidas para lograr lo que han planeado para una sola. Algunas entidades no escuchan y discuten con el Consejo, pensando que tienen razón. Entonces, los ancianos toman una posición pasiva, porque el libre albedrío de una entidad le permite encarnar sin importar lo que el Consejo recomienda. Puedo decir que, sin embargo, nunca he visto equivocarse a los ancianos respecto a los planes de encarnación, pero he visto a muchas entidades equivocarse desastrosamente.

Muchas entidades respetan y escuchan la recomendación del Consejo, y generalmente esperan la aprobación final de los planes de reencarnación. Después, pueden ir al Centro de Orientación que mejor sirva a sus necesidades. Ahí, conocen a grandes maestros y revisan el plan aprobado por el Consejo. Éste puede ser un proceso laborioso, puesto que los grandes maestros deben familiarizarse con cada detalle de lo que la entidad quiere lograr. Una entidad puede pasar años en un Centro de Orientación preparándose para la vida.

Una vez que la entidad y los grandes maestros han estudiado cada aspecto de la encarnación planeada, pueden comenzar a buscar —con la ayuda de un aparato parecido a una computadora— a los padres correctos, el cuerpo correcto, la ubicación geográfica correcta, el trabajo correcto, cualesquiera de los defectos que tendrá, la infancia correcta, el momento en que morirá y así sucesivamente. ¿Quiere ser alguien rico o pobre? ¿Quiere un progenitor que sea maternal o paternal? ¿Quiere padres que sean amorosos, que estén divorciados o que sean asesinados? ¿Quiere hermanos o hermanas? ¿Cuántos? ¿Quiere casarse? ¿Cuántas veces? ¿Qué clase de pareja busca? ¿Quiere ser viudo o divorciado? ¿Cuántos hijos prefiere? ¿Qué sexo y orden quiere para sus hijos? ¿Cuántos nietos?

¿Cuántos trabajos quiere perseguir? ¿Qué tanta escolaridad o educación necesita? ¿Cuáles son sus elecciones para amigos, relaciones, traumas en los que se incurre, o la negatividad que ha de soportar? ¿Será religioso? ¿No religioso? ¿Qué religión elegirá? ¿Abarcará varias religiones? Las elecciones son muchas, y cada detalle es revisado, debatido y discutido.

Después de finalizar el plan básico, la entidad y los grandes maestros comienzan a revisar los acontecimientos principales de esta encarnación en un dispositivo que llamamos escáner (parecido a un circuito cerrado de televisión). De hecho, observan los principales sucesos y elecciones que han planeado, miden las reacciones y analizan la respuesta emocional. La entidad repite esa etapa una y otra vez, incorporando posibles cambios debido a las elecciones de otro sujeto. Por ejemplo, una entidad puede observar un hecho en particular de cien formas diferentes para asegurarse de que las acciones de otra persona no obstruyan su meta. Así que se escruta el plan original y los escenarios alternos.

En este punto, la entidad viaja a través de un túnel y entra en un vehículo —su madre— en la encarnación planeada. Es aquí y hasta que cumpla los cuatro años que tiene oportunidad de salir. Este periodo de cuatro años permite a su alma aclimatarse al plano negativo de la Tierra. Si experimenta un cambio drástico de sus expectativas o simplemente no puede aclimatarse, entonces no existe. Es por ello que tantas madres tienen abortos y los niños mueren tan jóvenes. El alma se da cuenta de que las circunstancias no permiten que su plan tenga éxito, así que van de regreso a casa.

Al escanear una encarnación, hay millones de caminos que una persona puede seguir, pero siempre hay un camino azul, que es el más favorable para lograr sus metas. Otros caminos se extienden en muchas direcciones, pero usualmente regresan al principal.

En ocasiones, una entidad deja el camino azul, tal vez por algún tipo de trastorno que la coloca bajo gran cantidad de estrés y presión. Esto puede llevar a conductas destructivas, como el alcoholismo, el abuso de drogas o, en casos extremos, el suicidio. Todas estas posibilidades son previstas por los grandes maestros en el Centro de Orientación.

Durante el proceso de planeación, se le instruye rigurosamente a una entidad en el manejo del estrés y la ansiedad. En la mayoría de los casos sobreviven, pero no permanecen en el camino azul. Ésta es la razón principal de que la planeación sea tan extensa, de que haya una revisión y programación constantes de la mente subconsciente: sobrevivir la encarnación y lograr todo lo que esté en el plan.

Cuando todo lo planeado, asesorado y programado se termina, la entidad encarna. El plan entero para la encarnación es la mente subconsciente de la entidad, y los guías espirituales los cuidan mientras vivan sus vidas.

¿Cómo encontramos a la gente y las situaciones que necesitamos para nuestro perfeccionamiento?

La población y diversidad de estilos de vida en la Tierra permite prácticamente cualquier situación que pudieras querer elegir para tu perfeccionamiento. Puedes encarnar en la más primitiva o en la más avanzada de las culturas. Puedes ser un ejecutivo en un rascacielos de Nueva York o un pigmeo en África. Para cualquier situación que desees, hay un lugar que corresponde completamente a tu plan de reencarnación.

¿Qué pasa si varias entidades eligen al mismo padre al mismo tiempo?

Esto ocurre muy rara vez, pero puede suceder. Cuando sucede, el Consejo revisará todos los planes entregados para el mismo escenario de encarnación. Tomará una decisión con base en el mérito y brindará la situación a la entidad que se beneficie más al encarnar de esta forma. No hay malos sentimientos o recriminaciones, porque todas las entidades saben que el Consejo está haciendo lo mejor para todos los involucrados. Se hacen todos los esfuerzos para encontrar una situación similar para la otra entidad.

¿Hacemos contratos con otras personas antes de una encarnación?

La mayoría de las encarnaciones están planeadas con años de anticipación para que las entidades involucradas estén subconscientemente alerta de los principales sucesos e influencias en sus vidas. Cuando una entidad entra en una encarnación, una enorme cadena de vidas está unida, y cada una está consciente de las otras.

Por ejemplo, cuando planeas una vida, las entidades que has elegido como padres no han encarnado, aunque ya las conoces en mi lado y repasas todos tus planes así como los de ellos, para crear un contrato para encarnar juntos. Haces esto con las principales entidades que influirán en el plan de tu encarnación. No es usual para una entidad encontrarse con varias generaciones de una familia, asegurándose de que el escenario planeado evolucione y exista en el tiempo en el que suceda la encarnación.

En casos en los que se dedica menos tiempo a planear una encarnación, las entidades saben qué esperar, aunque no hayan convenido nada con nadie que esté involucrado. Por ejemplo, puedes encarnar sin saber exactamente quién encarnará como tu hijo. Pero sabes que esta entidad se adecuará a todo el plan que incluye cómo será tu hijo. Esto no sucede frecuentemente, pero no es raro.

Tal vez el contrato más significativo que haces antes de una encarnación es con tu guía espiritual. Mientras estás en el Otro Lado, eliges un amigo o a alguien a quien respetas y en quien confías para que se convierta en tu guía espiritual. Ésta es una elección seria y significativa porque el guía espiritual debe conocer todos tus planes y tratar de guiarte a través de los sucesos para que logres todo lo que está planeado. Si, por alguna razón, te sales del camino en la vida, intentará regresarte o por lo menos, ayudarte a cumplir lo más que se pueda de lo que quieres lograr. Observa todas tus acciones y te ayuda a evaluar tu vida cuando cruzas a mi lado. La devoción y esfuerzos de un guía espiritual son felizmente provistos, porque desea ayudar a todos a alcanzar la perfección.

¿Cómo es el proceso del nacimiento?

Antes de que una entidad encarne, entra en lo que llamamos el Salón de la Sabiduría; es un edificio muy hermoso, construido como el Partenón griego, con mármol rosa en todas partes. Aquí, se prepara una entidad para la prueba rigurosa que va a enfrentar. Medita y examina, junto con los grandes maestros, la vida que ha planeado. Debes darte cuenta de que la mayoría de las entidades que encarnan no quieren hacerlo, porque significa dejar la realidad positiva y moverse a un plano de negatividad en donde pierden la memoria consciente de casa. No es una experiencia placentera.

Acerca de la conformación de las preparaciones de última hora en el Salón de la Sabiduría, se entra en un túnel hecho de algo parecido al vapor, que es un puente entre las dos dimensiones: el plano terrenal y el Otro Lado. Si se entra en un nuevo cuerpo o se deja un cuerpo viejo después de la muerte, usamos este pasaje para transitar de una dimensión a otra. El túnel es como un vórtice o un vacío, que a veces es muy oscuro pero con luz al final. Cuando entramos, sentimos el viento que se precipita hacia nosotros, no un viento poderoso, sino gentil, una brisa fresca.

Mientras nos movemos a través del túnel hacia un nuevo cuerpo, la memoria consciente comienza a desvanecerse. Muchos tratan de mantener sus pensamientos intactos, pero nadie lo ha logrado. Este pasaje puede ser un tanto atemorizante, aunque los grandes maestros tratan de preparar a la entidad para que afronte la experiencia.

Debido a que los pensamientos son cosas, y a que podemos transportarnos con ellos, ya hemos encontrado el vehículo (el cuerpo de la madre) por medio del cual encarnaremos. Mientras nos movemos por el túnel, cambiamos de un estado muy sólido a uno etéreo, casi como una masa de nubes (debe considerarse aquí que las entidades del Otro Lado son más sólidas que los humanos porque son la realidad verdadera). En este punto, como todas las entidades, llegamos al cuerpo materno a través de la glándula pituitaria y después nos movemos al feto. El proceso completo no toma más de dos minutos y medio.

Muchas mujeres han sentido, de hecho, la entrada del alma (que se convertirá en su hijo) en su cuerpo. Experimentan una emoción indescriptible e incluso derraman lágrimas de felicidad como resultado de este estado eufórico. La sensación es tan breve, sin embargo, que muchas mujeres piensan que es un desbalance hormonal o sólo un sentimiento fugaz; pero se trata del alma entrando al cuerpo y la mente subconsciente reconociendo la entrada.

La mayoría de las entidades entran al vientre de la madre entre los cuatro y los ocho meses de embarazo. Las entidades más experimentadas usualmente encarnan durante el séptimo u octavo mes porque esperar en el vientre puede ser muy aburrido. Aunque se pierde la mayor parte de la memoria consciente en el proceso de nacimiento, el subconsciente está funcionando total y completamente. Las entidades que esperan en el vientre son mucho más astutas de lo que se puede imaginar. Absorben de una vez lo que sucede alrededor de la madre, así que hay que tener cuidado con lo que se dice cerca de los bebés, sean recién nacidos o que estén aún en el vientre.

Uno de los traumas más severos que podemos experimentar es el proceso de nacimiento. Comenzamos en un ambiente tibio, protegido, en un plano positivo de la existencia (el Otro Lado), y llegamos a un espacio apretado (el vientre). Desde aquí, somos arrojados al mundo con sus luces brillantes y escandalosos ruidos; unas manos toscas nos jalan hacia una atmósfera pesada y fría. Nuestro pequeño cuerpo se siente como prisionero. El cuerpo físico es lo más difícil a lo que tienes que adaptarte mientras estás encarnado; es mucho más pesado en comparación con el cuerpo que tenemos en el Otro Lado. El nivel vibratorio del plano terrenal es también más lento y más pesado, así que la gravedad nos hace sentir que estamos cubiertos de cemento. El proceso de nacimiento sin duda valida el hecho de que estamos en un verdadero plano negativo de la existencia.

Parte V

No juzgar

Lo importante de recordar acerca de la premisa de la reencarnación no son sus partes intrincadas, sino su filosofía y su razón de ser. Dios quiere que todas las creaciones experimenten su conocimiento. La sabiduría implica ambas partes: lo positivo y lo negativo. Debido a que Dios es todo amor y todo misericordia, él formó una realidad con nada más que energía positiva (el Otro Lado), en la cual todas sus creaciones pueden vivir eternamente. Para ayudar a que sus creaciones aprendan acerca del lado negativo de la experiencia, concibió el plano terrenal. Este plano temporal de existencia permite experimentar lo negativo, pero sólo por un periodo muy corto de tiempo.

Reconociendo el efecto de la negatividad en el alma, y dándose cuenta de que la experiencia y la sabiduría necesarias para perfeccionar el alma no pueden obtenerse de una sola vez, Dios instituyó la reencarnación.

Si se pueden ingerir pequeñas dosis de negatividad en un ambiente positivo con periodos de descanso en medio, será mucho menos traumático.

No es fácil sobrevivir en un ambiente negativo y estar sujeto al dolor que se transpira en el plano terrenal. Para ayudar a entender mejor que tu mundo tiene un plan divino, necesitas saber esto: la Tierra debe ser negativa y siempre permanecerá negativa hasta que Dios lo disponga. Es la escuela para el alma, para aprender de ella y experimentar la negatividad.

Puede ser difícil para algunos aceptar el hecho de que el plano terrenal siempre será negativo. Tratan de fomentar la bondad en el mundo; tratan de terminar con el sufrimiento; tratan de evitar el asesinato de otros seres humanos. Ciertamente, hacen todo esto. Serían negligentes en su deber con Dios si no lo hicieran. Deben recordar, sin embargo, que está hecho por necesidad. Si no existiera la negatividad, ¿contra qué podría pelearse? Se aprende de uno mismo cuando se pelea contra una injusticia. Se ve, se ataca, trata de suprimirse y se experimenta para que se conozcan sus facetas, de todas sus formas y con todos sus efectos.

Al luchar contra la negatividad, se debe ser muy cuidadoso para no crear más. No puedes hacer que la Tierra se deshaga de la negatividad —pues éste es su verdadero significado—, pero puedes hacer tu propia isla de luz y encontrar a otros que profesen las mismas creencias. Si te entusiasmas en tu pelea en contra de la negatividad puedes perpetuarla, a fin de cuentas.

¡No juzgues! Éste debe ser tu grito de guerra. Jesucristo lo dijo cuando la multitud quería apedrear a María Magdalena. Sólo puedes juzgarte a ti mismo. Nadie más tiene el derecho de hacerlo. ¿Cómo puede alguien saber la razón que existe detrás de una acción, sin reconocer su motivación? ¿Cómo puede alguien discernir el verdadero motivo sin conocer el alma de quien ha cometido dicho acto? No hay persona encarnada que pueda percibir esto. Sólo las entidades del Otro Lado pueden hacerlo, y únicamente gracias a los Archivos. La mente subconsciente de una entidad que comete el acto está consciente de la razón, así como Dios.

Si una persona comete una atrocidad, puedes juzgar el acto, *pero no al alma que ejecuta.* Se juzgan y castigan las acciones negativas para que se tenga cierto orden y control en la sociedad; sin embargo, el alma de una entidad no puede ser juzgada.

Digamos que una entidad quiere experimentar el acto de ser asesinada; mientras, en el Otro Lado se hace un contrato con otra persona que quiera experimentar estar en la cárcel, para que se convierta en su asesino. Ambas entidades llegan a la Tierra, y el asesinato se comete en el tiempo elegido. La sociedad juzga a quien cometió el asesinato y lo envía a prisión. La mayoría de las personas lo consideraría como un alma perdida que está fuera de redención. La sociedad hizo lo que tenía que hacer para mantener el orden.

Los que juzgan al alma como insalvable estarían equivocados.

El juicio erróneo perpetúa la negatividad. Se ha generado mucha intolerancia y odio al prejuzgar otras culturas y grupos étnicos. Se han cometido muchas atrocidades en el nombre de Dios para salvar lo pagano. Aquellos que saben más han destruido muchas culturas. ¿Cuándo terminará todo esto? Terminará cuando dejen de intentar ser un Dios en la Tierra y eviten juzgar a otros.

Debes vivir la vida lo mejor que puedas. Vas a cometer errores, pero aprenderás de ellos. Si puedes mantener un motivo puro en todos tus pensamientos y acciones, entonces sabrás dentro de tu propia alma que estás haciendo lo correcto. Sé un líder, no un seguidor. No permitas que la gente te induzca para prejuzgar a otros. Mantén la mente y el corazón abiertos, e incluye a tantas almas como te sea posible. Date cuenta de que estás experimentando la vida para Dios. Haz todo esto y tu alma brillará como faro para que otros la sigan. Haz todo esto y cumplirás tu destino y te pararás orgullosamente frente a Dios cuando regreses a casa.

Acerca de la autora

Millones de personas han sido testigos de los increíbles poderes psíquicos de **Sylvia Browne** en programas de televisión como *Montel Williams, Larry King en vivo, Entretenimiento esta noche (Entretaining Tonight)* y *Misterios sin resolver (Unsolved Mysteries)*; ha sido entrevistada en las revistas *Cosmopolitan, Gente (People)* y en otros medios. Sus atinadas lecturas psíquicas han ayudado a la policía a resolver crímenes, y ha asombrado a la audiencia dondequiera que aparece. Sylvia es autora de numerosos libros y audios; es presidenta de la Corporación Sylvia Browne y fundadora de su iglesia, la Sociedad de los Espíritus Nuevos, ubicada en Campbell, California (Estados Unidos).

Contacte a Sylvia Brown en:
www.sylvia.org
o
Corporación Sylvia Browne
35 Dillon Av.
Campbell, CA 95008
(408)379-7070)

Otros títulos
de esta casa editorial

Guía diaria de tus ángeles
365 mensajes angelicales para
aliviar, sanar y abrir tu corazón
Doreen Virtue, Ph.D.

El profundo dolor del adiós
Carolina Maomed

Ángeles
Alcanza tus sueños con su magia
Marta Moreno

13 profecías mayas
Yeitekpatl

La fe en la oración
Luz María Sáinz

Ambiente su casa para el amor con el Feng Shui
Irene García

El gran libro de la interpretación de los sueños
Alma Tapia

Wicca
Los enigmas de la magia
Gerardo Cañedo

Universo angelical
Oraciones-Audiolibro
Rafael Peregrina

Notas

§ Notas ℰ

Notas

Notas

Notas

Notas

Notas

ESTA OBRA SE TERMINÓ DE IMPRIMIR EN EL MES DE FEBRERO
DEL 2010 EN **GRAFIMEX IMPRESORES S.A. DE C.V.,**
BUENAVISTA 98-D COL. SANTA ÚRSULA COAPA
C.P. 04650 MÉXICO, D.F. TEL.: 3004-4444

[7]